学业水平考试
命题方法
系列丛书

中学数学学科考试命题与评价

丁明怡 等/著

TEST DEVELOPMENT
AND STUDENT
ASSESSMENT FOR
MATHEMATICS

北京师范大学出版集团
BEIJING NORMAL UNIVERSITY PUBLISHING GROUP
北京师范大学出版社

图书在版编目(CIP)数据

中学数学学科考试命题与评价/丁明怡等著. —北京：北京师范大学出版社，2023.7
（学业水平考试命题方法系列丛书）
ISBN 978-7-303-28151-0

Ⅰ. ①中… Ⅱ. ①丁… Ⅲ. ①中学数学课－考试－命题－研究②中学数学课－考试－试卷－评价－研究 Ⅳ. ①G633.602

中国版本图书馆 CIP 数据核字(2022)第 167598 号

图书意见反馈：gaozhifk@bnupg.com 010-58805079
营销中心电话：010-58802755 58800035
北师大出版社教师教育分社微信公众号 京师教师教育

ZHONGXUE SHUXUE XUEKE KAOSHI MINGTI YU PINGJIA

出版发行：北京师范大学出版社 www.bnupg.com
　　　　　北京市西城区新街口外大街 12-3 号
　　　　　邮政编码：100088
印　　刷：天津旭非印刷有限公司
经　　销：全国新华书店
开　　本：730 mm×980 mm 1/16
印　　张：11.75
字　　数：213 千字
版　　次：2023 年 7 月第 1 版
印　　次：2023 年 7 月第 1 次印刷
定　　价：69.00 元

策划编辑：何　琳　　　　　责任编辑：王　灿
美术编辑：陈　涛　焦　丽　　装帧设计：陈　涛　焦　丽
责任校对：陈　荟　　　　　责任印制：马　洁　赵　龙

学业水平考试命题方法系列丛书

总项目组成员（按姓氏笔画排序）

王家祺　田　一　李美娟　何光峰　张咏梅

郝　懿　胡　进　贾美华　郭立军

中学数学组成员（按姓氏笔画排序）

丁明怡　习卫东　李　岩　佟　威　谷宁陈

张　苏　张明霞　陆春蕾　竺　屹　周　旋

童纪元　曾慧兰　谢　慧　熊保林

序　言

　　提升教师评价素养，是教师专业发展的重要内容。2013年，教育部印发了《关于推进中小学教育质量综合评价改革的意见》，提出"逐步培养和建设一支具有先进评价理念、掌握评价专业技术、专兼职相结合的专业化评价队伍"。2020年10月中共中央、国务院印发了《深化新时代教育评价改革总体方案》，再一次明确提出，要"加强教师教育评价能力建设，支持有条件的高校设立教育评价、教育测量等相关学科专业，培养教育评价专门人才"。

　　教师评价素养包括四个方面的内容：一是具备先进的教育评价理念，正确理解教育评价的育人功能和价值；二是能够掌握校外评价和校内日常评价的技术与方法；三是能够掌握基础数据的分析和解读方法；四是能够将评价数据和结果应用于教学改进中，逐步提升教学质量。

　　为了了解教师评价素养的现状，北京教育科学研究院组织研究团队在长期开展评价研究的基础上，研制了调研方案与指标体系，通过访谈和问卷调查，对北京市各区教研员和中小学学科带头人、骨干教师的评价素养现状与培训需求开展了调研。调研结果表明，教师在评价理念、专业概念方面较普遍地存在一些误区，缺少评价任务（尤其是表现性评价任务）的开发经验，对完整科学的命题流程了解较少，不能正确解读考试数据，不能将评价数据运用于教学改进中。为了解决教师们的困惑和问题，北京教育科学研究院成立了由教育评价专家与学科教学专家组成的培训团队，针对教师评价素养发展的需求，开发了系列教育评价培训课程，先后在各区举办了十多个专题培训班。并在每次培训后，依据参训教师的意见和建议，不断修订、完善培训课程，最终形成的成果体现在了"学业水平考试命题方法系列丛书"这套书中。可以说，这套书是长期的理论研究与实践探索充分结合的成果，具有以下几个鲜明的特点。

　　第一，突出了对学生核心素养的评价。随着中国学生发展核心素养的颁布及落实，如何通过评价引领教学关注复杂思维能力的培养，是当前的热点问题。书中在设计评价内容时，特别设计了针对高阶思维能力的表现性评价、可体现学生认知过程的主观题的评价、促进学生核心素养培养的档案袋评价等内容。通过表现性评价，展示学生解决问题的过程；通过主观题的评价，了解学生的高阶思维的特点；通过档案袋评价，关注学生学习的状态和过程，引导学生自主学习。帮助教师掌握这些方法，才能切实地引导教师在教育教学过程中关注核心素养的培养。

第二，体现了教育评价理论与评价实践能力的结合。书中既介绍了教育评价的基本理念、基本理论，也介绍了教育评价的基本方法——客观题和主观题的命制、表现性评价和档案袋评价的设计、评价工具的质量分析、数据结果的解读和运用等内容。介绍每一个方法时，都是理论、原理与案例相结合。在讲解基本理论和原理的同时，增加了鲜活的案例作为理论的支撑。评价理论和原理由评价专家进行撰写，案例部分由学科教研员撰写，理论和原理统领案例，案例为理论和原理提供支持，既能帮助教师理解理论和原理，又能使教师在案例中学会具体的操作方法和技术。

第三，涵盖了教育评价实施的全流程。强调教—学—评一体化，重在以学习为中心，促进教、学、评三者的良性互动，教与评为学习服务，学在教与评的作用下不断精进。评价已成为教学设计和教学实施的重要组成部分，其功能不再局限于"鉴别、筛选"，更多的是"引导、反馈、改进"。在此理念的指导下，书中对评价全流程的内容进行了介绍，包括评价蓝图的设计、评价工具的开发、评价数据的解读、基于评价数据的教学改进等，能够系统、完整地支持教师开展评价工作，进而改进教学。

第四，跟进了国际教育评价研究的最新进展。近二十年来，教育评价理论、方法与技术正全方位地发生变化，本套书反映了这些最新进展，并结合实践阐述了基于经典测量理论与现代测量理论的评价工具质量分析方法、增值评价方法、在线评价任务开发等内容，有鲜明的时代性与创新性。

2021年7月，中共中央办公厅、国务院办公厅印发了《关于进一步减轻义务教育阶段学生作业负担和校外培训负担的意见》，强调"坚持学生为本、回应关切，遵循教育规律，着眼学生身心健康成长，保障学生休息权利，整体提升学校教育教学质量"。落实"双减"要求，提升教育质量，既要求教师要能够实施形成性评价，开发评价任务，提高课堂教学质量；又要求教师在终结性评价方面，要能够科学把控，聚焦核心素养，防止出现偏题、怪题、难题，减轻学生的学习负担。这对教师专业素养的提升提出了新的要求和更高的标准，因而教师迫切需要相应的、务实的支持与指导。本套书是第一套由教育评价专家与学科教学专家合作完成的教育评价方面的著作，将国际上最新的教育测评理念、理论、方法与技术，以系列书稿的方式呈现给广大教师，期待本套书在国家"双减"教育大背景下，能够助力教师科学评价，精准诊断教学中的问题，促进教育质量全面提升。

方中雄

北京教育科学研究院

前　言

　　"培养什么人"是我国教育研究的重要内容。2014 年 3 月 30 日，教育部正式印发了《教育部关于全面深化课程改革落实立德树人根本任务的意见》，首次在国家文件中从培养目标的角度提出"研究制订学生发展核心素养体系和学业标准"。《教育部关于加强初中学业水平考试命题工作的意见》中明确提出"提升试题科学化水平"。《义务教育数学课程标准（2022 年版）》中研制了学业质量标准，为教材编写、教学实施和考试评价等提供依据。进一步明确指出命题原则应"坚持素养立意，凸显育人导向"。

　　在教育考试评价改革的背景下，本书主要从三个方面进行了分析和研究：一是数学学科考试与评价的发展趋势，二是数学学科考试编制，三是数学学科教学测量与评价。研究的重点是中学义务教育阶段中，数学学科测量与学业评价途径与方法的实践经验与成果。本书的编写以中国学生发展核心素养与数学学科核心素养为指导和评价方向，为数学教师在教学实践中进行考试命题和评价奠定基础。

　　本书的主要特色在于：

　　第一，本书详细研究了相关的课改文件，梳理了近 10 年的数学中考试题命题特点，分析了国内外数学学科考试与评价的发展趋势，观点明确，依据翔实。在分析中，既包括对经验成果的总结，也包括对不足之处的反思与对解决策略的探索。

　　第二，本书充分考虑了一线教师的需求，在考试编制等方面按照教师熟悉的客观题和主观题，以及教师最感兴趣的应用类题目的编制等方面进行了编写。对于教师不易掌握的框架和蓝图问题进行了详细的讲解，对于客观题和主观题的编制引用了大量的示例分析，重点分析了基于核心素养进行题目评价的途径和方法。

　　第三，本书从情境设计、能力立意、核心素养指向和典型示例分析等方面，对于应用题的编制进行了详细的阐述。当前，试题命制既要注重考查基础知识、基本技能，还要注重考查思维过程、创新意识和分析问题、解决问题的能力。数学学科应用题是创新型试题的重要考查方式，其中情境设计又是教师命制应用题的主要困难。本书关于应用题的编制关注增强情境创设的真实性、典型性和适切性，以达到提高试题情境设计水平的目的。

第四，本书将数学学科教学测量与评价作为一项重要内容进行了讨论，并对常见的经典测量理论和项目反应理论进行了举例说明。这部分内容符合课改中教—学—评一体化的要求，对于提高数学教师在教学测量与评价方面的专业能力提供了帮助。

第五，本书所选用的例题均为当前中考、高考的典型试题和北京市学业水平考试试题，题目及对命题考试的相关分析具有时代性、代表性。这些例题以考试数据分析为实证研究的基础，分析了学科测验质量评价的主要方法及学科测验质量评价的意义，大大提升了题目命制的信度和内容效度。

本书编写的主要目标是服务一线教师，提升数学教师的专业素养，提供试题命制的正面导向，提升整体的考评价值；通过试题的命制引导教师开展数学教育教学改革，引导学生自主、合作、探究学习，进而提高教育教学质量；加深教师对教学测量与评价的理解，在日常教学中，关注让学生亲身经历数学知识形成、发展和应用的过程，积累数学活动经验，理解知识本质，感悟数学思想。

本书由北京教育科学研究院基础教育教学研究中心中学数学教研室的丁明怡老师等著。在编写过程中，丁明怡老师对全书各章节的框架结构及编写体例提出了要求，并负责全书的统稿工作以及部分内容的编写。本书各章节编写分工如下（按章节顺序）：第一章由张苏、曾慧兰、竺屹老师执笔；第二章由谢慧、张明霞、周旋、陆春蕾、谷宁陈、李岩、佟威老师执笔；第三章由刁卫东、童纪元、熊保林老师执笔。在编写过程中，我们查阅和引用了相关文献中的一些研究成果与数据资料。对此，本书尽可能地进行了注明，在此对相关文献的作者深表谢意。由于编者水平所限，书中难免有不妥之处，敬请同行与读者批评指正。

丁明怡

北京教育科学研究院

目　录

Contents

第一章 数学学科考试与评价的发展趋势

第一节 数学学科考试与评价的基本情况

一、数学学科考试与评价的历史

1955 年，国家在《关于中学和师范学校招生工作的规定》中指出：高级中学考试科目为语文、数学与政治常识，考试目的是检测学生对各科最主要的基础知识的理解和掌握的程度，要看出不同程度学生的知识质量。命题由省、市招生委员会统一制定，相关学校要全面考虑考生的考试成绩、身体条件及操行成绩等，择优录取。

1991 年，北京市出台《初中毕业、高中入学考试办法》，其中对高级中等学校招生的考试办法与考试内容做了具体规定：考试科目为语文、数学、外语、物理、化学、政治六门，采取初中毕业和升学考试相结合的办法，录取高中根据招生计划，按照考生所报志愿顺序，德智体全面衡量，从高分到低分择优录取。[①]

2016 年，教育部颁布《关于进一步推进高中阶段学校考试招生制度改革的指导意见》，其中提出，到 2020 年左右初步形成基于初中学业水平考试成绩与综合素质评价相结合的高中阶段学校考试招生录取模式，实现一考多用，促进学生全面发展，健康成长，维护教育公平。初中学业水平考试依据相应的义务教育课程标准确定考试内容，提高命题质量，减少单纯记忆、机械训练性质的内容，增强与学生生活、社会实际的联系，注重考

---

① 杨学为：《中国考试史文献集成》（第八卷 中华人民共和国），856 页，北京，高等教育出版社，2003。

查学生综合运用所学知识分析问题和解决问题的能力。

中考兼具初中学业水平考试与高中招生考试的性质，初中学业水平考试是水平性考试，高中招生考试是选拔性考试。1999 年 4 月教育部在《关于初中毕业、升学考试改革的指导意见》中规定：初中毕业考试与升学考试，可以二考合一进行。

总体来看，我国中考考试管理方式比较灵活，由各地教育部门负责。考试科目由国家规定，考试形式由地方组织，考试内容注重基础知识，兼顾对学科能力与综合应用的考查，考试成绩呈现方式多样化，有分数制，也有等级制。

二、数学学科考试与评价的现状

（一）数学学科考试与评价的时代背景

2021 年，北京中考继续深入改革，考试科目由"五选三"改为"全学全考"。高中招生考试和初中学业水平考试合为一体，所有考试均需要取得合格成绩，如有科目不合格，就需要补考。中考总分为 660 分：其中语文、数学、外语均为 100 分；体育 40 分；必选科目是道德与法治、物理，各 80 分；生物和化学，历史和地理两组合中各择优选取一科计入中考成绩，分数均为 80 分。

中考数学学科承载育人功能，体现应用价值，注重实践能力的考查，注重学习过程的考查。与前几年的试题对比，北京中考数学在关键题目上稳中求变，突出创新，试卷总体难度适当。自 2020 年起，北京市取消中考《考试说明》，其目的之一是促使数学教学回归学科本源，强调日常学习和备考，重视构建数学学科知识体系和方法体系。

除了中考第二次改革之外，2021 年的北京中考还有一个时代背景，就是"网课时代"，学生在线学习八年级下册的大部分内容（四边形、一次函数等），命题组在命题时充分考虑到这个时代背景，2021 年的中考可以概括为一个字"稳"：实现"五选三"中考向"两考合一"的平稳过渡；命题形式以稳为主；凸显北京试题特色——稳中求进。

（二）数学学科考试与评价的考查方向

第一，全面考查基础内容，落实学业水平要求。

题目以基础试题为主，增加数量，降低综合性，体现北京数学学科"多思少算"的特点，注重对基本概念和基本性质的考查，检验学生的思维能力。

例如，2021 年北京中考数学第 4 题对于多边形内角和的判定，不涉及定量的计算，题目设问是哪个多边形内角和最大，考查学生对多边形内角和这一基本性质的感知与理解。

【案例 1.1】

（2021 北京）下列多边形中，内角和最大的是（　　　）。

（A）　　　　　　（B）　　　　　　（C）　　　　　　（D）

再如，2021 年北京中考数学选择题最后一题，按以往来说应该是一道对思维能力要求很高的题目，但其仅仅考查了学生对一次函数、二次函数和反比例函数三类重要函数概念和性质的简单理解，突出基础性。

【案例 1.2】

（2021 北京）如图 1-1，用绳子围成周长为 10 m 的矩形，记矩形的一边长为 x m，它的邻边长为 y m，矩形的面积为 S m²。当 x 在一定范围内变化时，y 和 S 都随 x 的变化而变化，则 y 与 x，S 与 x 满足的函数关系分别是（　　　）。

图 1-1　案例 1.2 图

（A）一次函数关系，二次函数关系

（B）反比例函数关系，二次函数关系

（C）一次函数关系，反比例函数关系

（D）反比例函数关系，一次函数关系

第二，关注思维深度，体现试卷选拔功能。

试卷始终以考查数学思维为核心，关注思维的广度和深度。以 2021 年北京中考数学第 16 题为例，本题创设了一个加工相同原材料生产线的现实情境，考查学生对题目中信息的提取、加工和处理的能力，要求学生建立合适的数学模型，鼓励学生利用多样化的方法解决问题，考查学生的数学建模素养和应用意识。

【案例 1.3】

（2021 北京）某企业有 A，B 两条加工相同原材料的生产线。在一天内，A 生产线共加工 a 吨原材料，加工时间为（$4a+1$）小时；在一天内，

B 生产线共加工 b 吨原材料，加工时间为（$2b+3$）小时。第一天，该企业将 5 吨原材料分配到 A，B 两条生产线，两条生产线都在一天内完成了加工，且加工时间相同，则分配到 A 生产线的吨数与分配到 B 生产线的吨数的比为＿＿＿＿＿。第二天开工前，该企业按第一天的分配结果分配了 5 吨原材料后，又给 A 生产线分配了 m 吨原材料，给 B 生产线分配了 n 吨原材料。若两条生产线都能在一天内加工完各自分配到的所有原材料，且加工时间相同，则 $\dfrac{m}{n}$ 的值为＿＿＿＿＿。

第三，关注情境创设，实现育人功能。

试题的命制基于学习探索情境和生活实践情境，选材比较丰富，整张试卷在数学知识和实际问题之间架起了桥梁，引导学生运用数学知识解决实际问题，让学生感受到数学知识的应用价值。例如，2021 年北京中考数学第 20 题是利用《淮南子·天文训》中记载的一种确定东西方向的方法命制的特色试题，以数学文化为载体实现了育人的目的。

【案例 1.4】

（2021 北京）《淮南子·天文训》中记载了一种确定东西方向的方法，大意是：日出时，在地面上点 A 处立一根杆，在地面上沿着杆的影子的方向取一点 B，使 B，A 两点间的距离为 10 步（步是古代的一种长度单位），在点 B 处立一根杆；日落时，在地面上沿着点 B 处的杆的影子的方向取一点 C，使 C，B 两点间的距离为 10 步，在点 C 处立一根杆。取 CA 的中点 D，那么直线 DB 表示的方向为东西方向。

（1）上述方法中，杆在地面上的影子所在直线及点 A，B，C 的位置如图 1-2 所示。使用直尺和圆规，在图中作 CA 的中点 D（保留作图痕迹）；

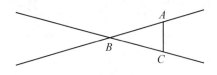

图 1-2　案例 1.4 图

（2）图 1-2 确定直线 DB 表示的方向为东西方向。根据南北方向与东西方向互相垂直，可以判断直线 CA 表示的方向为南北方向，完成如下证明。

证明：在 △ABC 中，BA＝＿＿＿＿＿，D 是 CA 的中点，

∴ CA ⊥ DB（＿＿＿＿＿）（填推理的依据）。

∵ 直线 DB 表示的方向为东西方向,

∴ 直线 CA 表示的方向为南北方向。

(三)数学学科考试的命题

1. 命题依据

数学学科考试以教育部颁发的《义务教育数学课程标准（2011 年版）》[以下简称《课程标准（2011 年版）》]规定的学习内容为考试范围，按照"注重基础，能力立意"的原则，兼顾区域内所使用的不同版本的教材和教学实际，考查初中数学的基础知识、基本技能、基本思想和基本活动经验，考查抽象概括能力、运算能力、推理能力、分析和解决问题的能力、空间观念、几何直观、数据分析观念、模型思想、应用意识和创新意识等。2022 年，教育部颁布《义务教育数学课程标准（2022 年版）》[以下简称《课程标准（2022 年版）》]，细化了评价与考试命题建议，更加注重实现教—学—评一致。

首先，是"四基"要求。

注重对基础知识的考查。全面考查基础知识，突出对学科体系的重点知识的考查，注重对知识的整体性和知识之间的内在联系的考查。

注重对基本技能的考查。考查技能操作的程序与步骤及其中蕴含的原理。

注重对基本思想的考查。以基础知识为载体，考查对知识本质及规律的理性认识。

注重对基本活动经验的考查。考查在阅读、观察、试验、计算、推理、验证等活动过程中所积累的学习与应用基础知识、基本技能、基本思想的经验和思维的经验。

其次，是能力要求。

对数学能力的考查，以考查思维为核心，包括对数学知识、数学知识形成与发展过程、数学知识灵活应用的考查，注重全面、突出重点、适度综合、体现应用。将对抽象概括能力、运算能力、推理能力、分析和解决问题的能力的考查贯穿于全卷。

抽象能力主要是指在不同问题的情境下，通过对具体对象的抽象概括，发现所研究对象的本质特征，从给定信息中概括出结论，并将其应用于所研究的问题中。

运算能力主要是指理解运算的算理。根据运算法则和运算律正确地进行运算；根据特定的问题情境，观察、分析运算条件，探究、设计和选择合理、简洁的运算途径解决问题，根据实际需要进行估算。

推理能力包括合情推理能力和演绎推理能力。合情推理能力是指根据问题的已知内容，结合已有的事实，凭借所积累的经验，利用归纳、类比等方法，推断出问题的某一特定结论；演绎推理能力是指根据问题的已知内容，结合已有的事实和确定的规则进行逻辑性思考，推导出未知命题的正确性，一般会运用合情推理进行探索，运用演绎推理进行证明。

再次，是观念要求。

空间观念主要是指根据物体特征抽象出几何图形，根据几何图形想象出实物，判断物体的方位和物体间的位置关系，描述图形的运动与变化，依据语言的描述画出图形。

数据观念主要是指运用统计方法对数据进行收集整理和分析，从大量数据中提取有效信息并做出推断，根据问题的实际背景，选择合适的统计方法解决实际问题。

模型观念是指有意识地利用数学概念原理和方法解决实际问题，根据具体问题抽象出数学问题，将问题中的数量关系、位置关系和变化规律，用方程（组）、不等式、函数、几何图形及统计图表等表示，并检验结果验证模型的合理性。

最后，是意识要求。

应用意识主要是指阅读、理解问题，根据问题背景运用所学的知识、思想方法和积累的活动经验获取有效信息，选择恰当方法，形成解决问题的思路，并用数学语言表述解决问题的过程。

创新意识主要是指从数学角度发现和提出问题，运用所学的知识、数学思想和积累的活动经验进行独立思考，分析问题，选择有效方法，创造性地解决问题。

2. 命题原则

（1）基础性原则：数学学科考试命题要注重考查学生基本数学素养，注重考查《课程标准（2022 年版）》中最基础、最核心的内容，注重考查所有学生在学习数学和应用数学解决问题过程中必须掌握的基础知识、基本技能、核心观念和思想方法。

（2）公平性原则：数学学科考试命题应当面向全体学生，根据学生的年龄特征、思维特点、学科背景和生活经验命制试题，使具有不同认知特点、不同发展程度的学生都能展示自己的能力水平。

（3）导向性原则：数学学科考试命题要有利于引导数学教学全面落实

《课程标准（2022年版）》所要求的学习目标，有利于引导和改善学生的数学学习方式，有利于全面、有效地评价学生的数学学习水平。

（4）科学性原则：数学学科考试命题内容与结构应当科学、有效。试题表述应准确、规范；题意表达要明确，不产生歧义。命题要避免因文字阅读困难而造成的解题障碍，避免在试题情境中出现与学生实际生活或其他科学原理相悖的情形。

（5）梯度性原则：数学学科考试命题应根据学生认知结构的差异、知识的难易程度和课程标准要求水平等体现一定的梯度。试题本身如果有多个小问，各小问的难度应该有区别。同时，整套试卷的难度分布也要有层次性。

（6）人文性原则：数学学科考试命题包含对数学学科和数学教育的价值体现，试题应兼具人文性，体现时代特征和数学文化。试题背景应具有正面的教育意义。

（7）创新性原则：数学学科考试命题的创新性主要体现在试题的新颖性、取材、设问以及考查角度的独特上。

三、数学学科考试与评价的思考

（一）数学学科考试与评价的意义

数学是研究数量关系和空间形式的科学，数学与人类发展和社会进步息息相关。义务教育阶段的数学课程是培养公民素质的基础课程。数学课程能使学生掌握必备的基础知识和基本技能，培养学生的抽象思维和推理能力，培养学生的创新意识和实践能力，促进学生在情感、态度与价值观等方面的发展，也能为学生未来的生活、工作和学习奠定重要的基础。数学评价的主要目的是全面了解学生数学学习的过程和结果，激励学生学习和改进教师教学。数学评价对于激发学生的学习兴趣、提升学生学习信心以及促进学生的发展起着重要的作用。同时，数学评价也是教师了解学生学习状况、诊断学习效果和改进教学的重要途径，所以在课程实施的过程中，有效的设计、组织和实施评价至关重要。

（二）数学学科考试与评价的优势

凸显数学核心内容的考查。我国基础教育数学学科教学的"基础知识扎实，基本技能熟练"是优秀的教学传统，也是我国数学教学的重要特色。我国的数学教学以知识和技能为载体，引导学生感悟其中的数学思想。我们既关注过程也关注结果。虽然我国的数学学科考试处于各地区自行命制试题的状态中，但它们都能够对数学学科的核心内容进行重点考查，凸显数学学习对学科基础知识和基本技能的重视。试题会从多个角度对学生的掌握情况进行考试，命题形式新颖，且基本形成固定的考试模式。这种考试方式对学生的学习起到了很好的引导作用，对教师的教学也提出了较为明确的要求。

充分展示学生的探究能力。数学学科考试重视对学生自主探究能力的考查，数学探究性问题涉及的基础知识非常广泛，题型灵活，解题方法多样。探究性问题既能考查学生的基础知识掌握程度，又能较好地考查学生观察、分析、比较、概括的能力及发散思维能力等。数学学科的学习要给学生提供机会，引导学生尝试主动做数学、用数学、学数学；在实践探究的过程中让学生认识到数学有用、可用、能用，进而想用、会用；在数学教学中鼓励教师重视培养学生的问题探究意识和能力；在数学试题中能够重视学生对探究性问题的解决能力。

以学生为中心进行考试与评价。近些年来中考改革非常显著的一个变化就是从原来要把学生分类，到现在促进学生的发展。反映在试卷上就是内容较复杂的试题减少了，考查技巧性的试题减少了；注重学生自主操作、体验探究的题目多了；试题仍然凸显基础知识和基本技能的考查，仍然考查学生的思维水平，但是更加关注了学生的发展。在中考的选拔性功能得到保持的前提下，考试的激励性和发展性提升了。

促进中考改革，正确引导教育。北京中考改革在近几年做了很多有益的尝试，形成了"三个注重、四个考出来"的命题指导思想，即注重全面考查、注重对基础知识的考查，注重对学生发展潜能的考查；突出北京特色，把社会主义核心价值观和中华优秀传统文化考出来，把学生的自信考出来，把课堂学习考出来，把实践能力和阅读能力考出来。在这样的指导思想下，北京中考历经几次改革，引导教师回归课堂，引导学生回归学科本源，引导教育回归全面育人。

（三）数学学科考试与评价的不足

数学学科考试与评价显示出不均衡性。目前数学学科考试均为各地区自主命题，各地区之间的数学教学方法、教学重点存在差异，学生的发展水平也不相同，因此数学学科考试与评价在地区之间呈现出不均衡的状态。数学学科考试与评价直接作用到数学教学上，所以学生对课标中所要求的知识内容、能力方法的掌握程度就产生了较大的差异。数学学科考试题目的不同也导致考试复习的重点不同，学生的思维方法就有不同的训练和养成，后续进一步的知识积累就产生了差异性。

数学学科考试命题方向过于形式化。一直以来，为了保持考试的稳定和对教学的引导作用，各地中考数学命题的基本框架、基本题型都非常固定，即使是尝试进行改革，也是少部分题目的渐进性改革。数学试卷中选择题、填空题、解答题，这三大题型基本未发生变化。一方面，对于数学学科考试本身来说，命题方向、题型的固化限制了多样化试题的发展，不能满足时代发展对学生发展的评价需要；另一方面，对于教学来说，题型的固化也限制了教学的改变，数学教学特别是数学备考变得非常单一，仅仅针对考试题型进行。

数学学科考试评价体系仍然较为单一。一次考试的成绩仍然是评价的单一依据，对学生学习过程性，情感、态度与价值观等多维度的发展性评价依然缺乏。新时代呼唤更加合理的教育评价，推进教育评价改革，改进结果评价、强化过程评价、探索增值评价、健全综合评价；正确发挥教育评价的指挥棒，用考试引导教学，促进学生身心健康、全面发展。考试评价是一项非常重要的工作，正确的评价和监督可以保证中考命题工作良性发展。我们亟待建立专门的考试研究或评价机构，更好地发挥考试评价的作用。

数学学科命题与评价的科学性仍有待提高。目前数学学科考试命题与评价是具有一定的科学理论指导的，但是数学命题和考试评价仍然存在很大的经验性，即依据命题专家的学科经验命制试题。命题者在具备良好的数学学科理解以外，还应该具备更多教育测量方面的知识，以保证命制出高水平、高质量的中考试题。

四、北京中考数学学科考试与评价

2022 年以前，北京市中考数学学科考试以教育部颁布的《课程标准（2011 年版）》为依据，以其所规定的课程目标和课程内容为考试范围。考试对象为完成义务教育阶段学业的初中毕业生，考试结果是衡量学生是否达到《课程标准（2011 年版）》所规定的学习水平的重要参考依据，也是高级中等学校招生的重要参考依据之一。中考数学学科考试采取闭卷笔答的形式，考试时间为 120 分钟。

（一）北京中考数学学科考试

2019 年北京市中考数学学科《考试说明》调整了部分考试内容的知识层次要求，根据知识结构体系的整体性与内在联系，对考试内容的知识层次要求进行了进一步的优化。自 2020 年开始，北京市取消中考各学科的《考试说明》，各学科的命题均以教育部颁布的《课程标准（2011 年版）》为依据。2022 年起，北京市中考各学科的命题均以教育部颁布的《课程标准（2022 年版）》为依据。

按照《课程标准（2011 年版）》的要求，学生经过义务教育阶段的学习，获得为适应今后进一步的学习和工作所必备的最初步、最基本的数学知识和技能，包括数学的基本概念、定理、公式、法则、方法，以及基本运算、推理、作图等技能。学生通过获得基础知识和基本技能的过程，可以获得数学思想。学生运用数学思想解决具体问题的时候，会逐渐形成程序化的操作，以更好地分析和解决学习或生活中遇到的实际问题。

《课程标准（2011 年版）》提出：对基础知识和基本技能的评价，应以各学段的具体目标和要求为标准，考查学生对基础知识和基本技能的理解和掌握程度，以及在学习基础知识与基本技能构成中的表现。

2019 年北京市中考数学学科《考试说明》强调：注重考查基础知识和基本技能，考查思维过程、思想方法，注重学以致用、用学科知识解决生活问题，注重科学阅读和人文阅读，在语言表述上，也贴近教学实际、学生思维方式和心理年龄特点。

《义务教育课程方案（2022 年版）》[以下简称《课程方案（2022 年版）》]和《课程标准（2022 年版）》将党的教育方针具体化、细化为本课程应着力培养的核心素养，体现了正确价值观、必备品格和关键能力的培养要求。《课程方案（2022 年版）》和《课程标准（2022 年版）》根据学科核心素养发展水平，结合数学课程内容，形成学业质量标准，给出了详细的评价与考试命题建议，对数学学科考试起到指导作用。

（二）近 10 年北京中考数学试题与考试分析

2012～2014 年的中考数学以《课程标准（2011 年版）》的基本理念和目标要求为依据，选取初中阶段的主干知识和主要技能为考查核心，注重对基础知识、基本技能、基本思想、基本活动经验和数学能力的考查，重视对"过程与方法"的考查，体现出对数感、符号感、空间观念、统计观念、运算能力、推理能力、分析解决问题的能力以及应用意识的考查。考试内容有利于落实课标理念，有利于提高学生的综合素质，还有利于评价制度改革和高一级学校对学生的选拔，达到了中考数学所承担的水平性考试与选拔性考试的双重功能。

试卷难度适中（过难的试题不利于教师的教学和不同水平学生的区分），但满分率较低，仅为 0.02% 左右。这三年的试卷在多处开始着手设计有特色、有背景、有价值的实际问题，考查了学生的应用意识与能力，还在填空题中设计了以前不会出现的几何应用类题目，可见对应用问题的考查力度在加强，考查形式也在不断丰富。试题充满让学生自主探究的学习理念，很多试题都需要学生自己分析、思考和探究。

学生在数学基础知识、基本技能方面表现出较高的水平，在数学核心概念、数学能力、数学思想方法等方面既有发展，又有不足。

第一，学生在平面直角坐标系中对函数图象、几何图形的研究能力不足。

《课程标准（2011 年版）》指出，图形与坐标是研究图形的重要维度之一，平面直角坐标系是连接数与形的桥梁，为研究几何图形和函数图象提供了强有力的工具。从学生的作答来看，平面直角坐标系的相关题目还存在比较大的问题。因此，我们建议在教学中教师要努力帮助学生养成利用平面直角坐标系探究图形性质的习惯，借助点的坐标和距离之间的转化，将几何问题转化为代数问题，借助点与实数对的一一对应，把代数问题转化为几何问题。

第二，学生在合情推理与演绎推理中的能力发展有待提升。

推理是数学常用的思维方式，也是人们学习生活中常使用的思维方式。这三年的中考试题对合情推理和演绎推理两大推理方法进行了重点考查，但是这些题目的得分率较低，没有达到预期目标。因此，我们建议在教学中，教师一方面要注重引导学生通过观察、尝试、估算、归纳、类比、画图等活动发现一些规律、猜测某些结论，发展合情推理能力；另一方面要有意识地让学生经历从复杂图形中分解出简单的、基本的图形，在基本的图形中寻找出基本元素及其关系，由文字或符号画出图形的探究过程，培养学生从整体到局部、从局部到整体、从动态到静态、从静态到动态的思考方式，提高学生的推理能力。

第三，学生在统计与概率问题中的数据分析观念稍显不足。

数据分析是统计的核心。这三年的中考对学生的数据分析能力都进行了不同程度的考查，但是考查情况并不理想。我们建议在今后的教学中，教师不但要帮助学生分析各种统计图表的特点及表示方式，更要注重统计图表的信息交流和问题转换，让学生经历信息提取、信息分析、信息运用的过程，帮助学生养成对数据的感知和用数据说话的意识，提高获取信息的能力及判断分析能力，最终形成数据分析的观念。

2015—2017 年的北京中考数学试题变化显著，特点鲜明，而且不断打破模式化，在总体难度降低的情况下，命题组精心设计每个题目，图文并茂，活泼新颖。 试卷构建以基础知识、基本技能、基本思想、基本活动经验，即"四基"，发现问题的能力、提出问题的能力、分析问题的能力、解决问题的能力，即"四能"为主线，围绕十个核心概念对学生的数学学科素养进行比较全面的考查。其题目设计不仅实现了水平性兼顾选拔性的考试功能，而且很好地发挥了对中学数学教学的正确导向作用。

2015—2017 年的《北京市中考评价研究报告》中都提出数学学科要坚持去模式化，其实自 2012 年以来，命题组在打破模式化方面做出了不懈努力，从题目的顺序调整，再到题目数量的变化以及问答形式的更新，不断推陈出新，使试卷焕发活力。打破模式化，使教学中的模式化训练失效，有利于促进课堂教学真正关注学生学习的过程，关注数学知识和技能中所蕴含的数学本质的教学，以考试改革促进教学改革，真正实现课堂教学促进学生思维水平的提升。

为考查学生的核心素养，适当的背景描述必不可少。希望数学试卷能够体现数学学科的简洁美、符号化的特点，所选材料不仅要有利于对学生数学阅读能力的考查，还要能促进学生在数学阅读中思维的发展。本书建议减少文字量，充分考查思维的严谨性和深刻性。

2015—2017 年这三年学生在数与式、统计与概率、方程与不等式等组块上得分率较高，在图形与坐标、函数组块上得分率较低。在能力结构上，学生在运算能力、数据分析能力、空间观念、模型思想等方面得分率较高，但在几何直观方面得分率较低。

第一，学生几何直观能力有待提升。

几何直观是一种思维形式，借助几何直观，数学教学可以培养学生发现问题和提出问题的能力，可以帮助学生提高分析问题和解决问题的能力。我们借助这些图形描述的也不仅仅是几何中的问题，还有数与代数、概率与统计中的问题。因此，除了我们常见的三角形、四边形、圆、柱体、锥体、球等几何图形，涉及几何直观的数学知识还包括数轴、直角坐标系、其他不规则的图形以及曲线、折线等，甚至还包含了表格、流程图、框图等。2015—2017 年的北京中考数学卷对几何直观进行了重点考查，有很多需要依托图形进行数学思考、想象，从图形描述来对问题进行感知的题目，但是学生的答题表现存在较大的问题。因此，在教学中，我们要帮助学生形成用图形描述问题、发现问题、解决问题的意识，特别是在代数教学过程中，要让学生学会从"数"和"形"两个角度认识数学思维方式，掌握运用一些基本图形解决问题的方法。

第二，学生的概念掌握需要进一步深化。

2015—2017 年，特别是 2017 年的北京中考数学试题，对基本概念做了着重考查，但学生的作答却存在较大的问题。这说明数学概念的教学不能只满足于告诉学生"是什么"或"什么是"，还应让学生了解概念的背景和引入它的理由，知道它在建立、发展理论或解决问题中的作用。同时，我们需要注意的是，学生要理解一个数学概念，就必须围绕这个概念逐步构建一个概念网络，网络的结点越多、通道越丰富，概念理解就越深刻。

第三，要关注学生学习过程中的学科积累。

2015—2017 年的北京中考数学试题遵循把学生课堂表现考出来，考查获取知识和方法的过程，不是简单追求答案的命题原则，从不同角度分别考查学生知识形成过程。题目涵盖了数与代数、图形与几何、统计与概率、综合与实践四个知识领域。这给我们的启示是：在知识的形成过程中，要帮助学生了解知识的来龙去脉，进而理解知识的应用背景及相关知识之间的联系。为学生设计充分的活动体验，让学生充分经历知识的"非正式定义"的过程，逐步形成由测量到猜测、由特殊到一般、类比、逆命题等多种发现问题的方法。

从 2018 年开始，北京中考数学试题依据新中考改革的精神与要求，通过对数学学科素养的考查，体现了立德树人、育人为本的教育目标。数学试题凸显数学学科特征，以数学思维的考查为核心，在全面考查基础知识，突出考查学科体系的重点知识及其内在联系的基础上，加强了对知识形成与发展过程及灵活运用的考查；题目素材的选取既关注时代气息，体现国家经济与科学技术的发展，增强民族自豪感，又与学生的生活密切相关，引导学生逐步会用数学的眼光观察现实世界，会用数学的思维思考现实世界，会用数学的语言表达现实世界（简称"三会"）。与前几年的试题相比，2018 年开始的试题体现了传承与创新，更加侧重对统计意义的考查，基础题部分的灵活性和新颖性进一步加强，对函数的考查进一步加强，关注函数与方程、不等式的关系，重点考查直观想象素养。

学生在数与式、方程与不等式、图形的变化、概率等组块的考查中表现比较优良，在函数、图形与坐标、图形的性质、抽样与数据分析等组块中表现欠佳。能力方面，学生在运算能力的考查中表现最好，在分析和解决问题能力的考查中表现较差。

函数是属于代数领域中的重要内容，也是初中代数部分的难点。学生在作答函数题目时暴露出比较大的问题。初中函数教学主要是借助函数图象来研究函数性质，学生一般可以经历以下几个层次：首先，根据教师提供的用图象法表示函数的实例，通过函数图象感受数量的变化过程以及变化过程中变量之间的对应关系，获得对函数图象的感性认识；其次，以一次函数、二次函数、反比例函数等函数的图象为例，理解函数图象的特征，并能利用函数图象理解函数与方程、不等式之间的关系；再次，借助函数图象估算方程的解，确定不等式的解集；最后，利用软件（如《几何画板》、GeoGebra 等）的动态演示，理解一次函数、二次函数、反比例函数中系数对函数图象的影响。

附：2012～2021 年北京中考数学题型梳理

表 1-1　2012 年北京中考数学题型

课程内容	组块	题号	分值/分
数与代数	数与式	1,2,9,13,15	22
	方程与不等式	10,14	9
	函数	8,17,23	16
图形与几何	图形的性质	3, 6, 12, 16, 19, 20, 22, 24, 25(新定义)	47
	图形的变化	4	4
统计与概率	概率	5	4
	抽样与数据分析	7,21	4
综合与实践	—	11,18,21	14

试卷总分值为 120 分，共 25 道题，其中有 8 道选择题，每题 4 分；4 道填空题，每题 4 分；13 道解答题，包括 3 道计算题，分别为纯计算题、解不等式组、代数式求值。

表 1-2　2013 年北京中考数学题型

课程内容	组块	题号	分值/分
数与代数	数与式	1,2,7,9,14,16	26
	方程与不等式	15,18	10
	函数	8,10,12,23	19
图形与几何	图形的性质	4,11,13,19,20,22（材料），24,25（新定义）	43
	图形的变化	6	4
统计与概率	概率	3	4
	抽样与数据分析	21	5
综合与实践	——	5,17	9

　　试卷总分值为 120 分，共 25 道题，其中有 8 道选择题，每题 4 分；4 道填空题，每题 4 分；13 道解答题，包括 3 道计算题，分别为纯计算题、解不等式组、代数式求值。

表 1-3　2014 年北京中考数学题型

课程内容	组块	题号	分值/分
数与代数	数与式	1,2,9,14	17
	方程与不等式	15,16,17	15
	函数	8,11,23,25（新定义）	23
图形与几何	图形的性质	7,12（新定义），13,19,21,22（材料），24	35
	图形的变化	4	4
统计与概率	概率	3	4
	抽样与数据分析	5	4
综合与实践	——	6,10,18,20	18

　　试卷总分值为 120 分，共 25 道题，其中有 8 道选择题，每题 4 分；4

道填空题，每题 4 分；13 道解答题，包括 3 道计算题，分别为纯计算题、解不等式组、代数式求值。

表 1-4　2015 年北京中考数学题型

课程内容	组块	题号	分值/分
数与代数	数与式	1,2,11,17,18	19
	方程与不等式	9,13,14,19	11
	函数	10,23,26,27	20
图形与几何	图形的性质	5,12,16,20,22,24,28,29(新定义,结合函数)	39
	图形的变化	4	3
统计与概率	概率	3	3
	抽样与数据分析	7,15	6
综合与实践	—	6,8,9,21,25(材料,阅读量大)	19

试卷总分值为 120 分，共 29 道题，其中有 10 道选择题，每题 3 分；6 道填空题，每题 3 分；13 道解答题，包括 3 道计算题，分别为纯计算题、解不等式组、代数式求值。试卷首次考查了尺规作图题。

表 1-5　2016 年北京中考数学题型

课程内容	组块	题号	分值/分
数与代数	数与式	2,3,6,11,14,15,17	23
	方程与不等式	18,20	10
	函数	21,26,27	17
图形与几何	图形的性质	1,4,9,12,16,19,23,25,28,29(新定义,结合函数)	45
	图形的变化	5,7	6
统计与概率	概率	13	3
	抽样与数据分析	10,24(材料,阅读量大)	8
综合与实践	—	8,22	8

试卷总分值为 120 分，共 29 道题，其中有 10 道选择题，每题 3 分；6 道填空题，每题 3 分；13 道解答题，包括 3 道计算，分别为纯计算题、解不等式组、代数式求值。

表 1-6　2017 年北京中考数学题型

课程内容	组块	题号	分值/分
数与代数	数与式	2,4,7,11,17	17
	方程与不等式	12,18,21	13
	函数	23,27	12
图形与几何	图形的性质	1,6,13,14,15,16,19,20（材料）,22,24,28,29（新定义,关联函数）	53
	图形的变化	3,5	6
统计与概率	概率	10	3
	抽样与数据分析	8,25	8
综合与实践	—	9,26	8

试卷总分值为 120 分，共 29 道题，其中有 10 道选择题，每题 3 分；6 道填空题，每题 3 分；13 道解答题，包括 2 道计算题，分别为纯计算题、解不等式组。试卷涉及了尺规作图，但未让学生画图，而是让其说明题目中尺规作图的依据。

表 1-7　2018 年北京中考数学题型

课程内容	组块	题号	分值/分
数与代数	数与式	2,4,6,10,11,18	15
	方程与不等式	3,19,20	12
	函数	7,23,26	14
图形与几何	图形的性质	1,5,9,12,13,17,21,22,27,28（新定义,关联函数）	39
	图形的变化	—	0

续表

课程内容	组块	题号	分值/分
统计与概率	概率	—	0
	抽样与数据分析	14,25	8
综合与实践	—	8,15,16,24	12

试卷总分值为 100 分，共 28 道题，其中有 8 道选择题，每题 2 分；8 道填空题，每题 2 分；12 道解答题，包括 3 道计算题，分别为纯计算题、解不等式组、代数式求值。试卷包含了 1 道尺规作图题。

表 1-8   2019 年北京中考数学题型

课程内容	组块	题号	分值/分
数与代数	数与式	1,4,6,7,9,17,23	15
	方程与不等式	18,19	10
	函数	13,25,26	13
图形与几何	图形的性质	3,5,10,12,14,16,20,22,24,27,28(新定义)	43
	图形的变化	2,11	4
统计与概率	概率	—	0
	抽样与数据分析	15	2
综合与实践	—	8,21(材料,题目长),23	13

试卷总分值为 100 分，共 28 道题，其中有 8 道选择题，每题 2 分；8 道填空题，每题 2 分；12 道解答题，包括 2 道计算题，分别为纯计算题、解不等式组。

表 1-9   2020 年北京中考数学题型

课程内容	组块	题号	分值/分
数与代数	数与式	2,6,9,11,17,19	18
	方程与不等式	10,12,18	9
	函数	8,13,22,24,26	21

课程内容	组块	题号	分值/分
图形与几何	图形的性质	3,5,14,15,20,21,23,27,28（新定义,关联函数）	39
	图形的变化	1,4	4
统计与概率	概率	7	2
	抽样与数据分析	25	5
综合与实践	—	16	2

　　试卷总分值为 100 分，共 28 道题，其中有 8 道选择题，每题 2 分；8 道填空题，每题 2 分；12 道解答题，包括 3 道计算题，分别为纯计算题、解不等式组、代数式求值。试卷包含 1 道尺规作图题。

表 1-10　2021 年北京中考数学题型

课程内容	组块	题号	分值/分
数与代数	数与式	2,5,7,9,10,17,19	20
	方程与不等式	11,18,21	13
	函数	8,12,23,26	15
图形与几何	图形的性质	3,4,13,14,22,24,27,28（新定义）	34
	图形的变化	1	2
统计与概率	概率	6	2
	抽样与数据分析	15,25	7
综合与实践	—	16,20（材料,阅读量大）	7

　　试卷总分值为 100 分，共 28 道题，其中有 8 道选择题，每题 2 分；8 道填空题，每题 2 分；12 道解答题，包括 3 道计算题，分别为纯计算题、解不等式组，代数式求值。试卷包含 1 道尺规作图题。

第二节　数学学科考试与评价的发展趋势

数学学科考试与评价是对数学课程学习的总结，是对数学教学的反馈，是考查学生对数学基础知识及基本技能的掌握与运用情况的重要方式。因此，数学学科考试与评价机制的完善对深化数学教育改革，提高数学教学质量有着重要意义。随着教育评价理念的不断更新与课程教学改革的逐步深入，数学学科考试与评价的关注焦点逐渐从评价结果转移到了学习过程。在本节中，我们将分别对国际与国内数学学科考试与评价的发展趋势展开分析。

一、国际数学学科考试与评价的发展趋势

（一）PISA 数学素养测评概述

PISA 测评是由经济合作与发展组织（Organization for Economic Co-operation and Development，OECD）开发，从 2000 年开始实施的大型国际学生评价项目（the Program for International Student Assessment，PISA）。PISA 测评对 15 岁学生的阅读素养、科学素养及数学素养进行评估，针对每种素养设计了情境、内容、过程三位一体的目标分析框架。该项目自2000 年起每三年考试一次，每次以其中一个领域作为主要考查领域。PISA 数学素养测评的年份分别为 2003 年、2012 年、2021 年。因此，OECD 以 9年为一个周期，对主要测评领域的测评框架进行修订。PISA 数学素养测评旨在考查学生是否在数学技能上做好了迎接未来生活与工作中的挑战的准备，即评估学生用数学解决现实世界中的问题的能力。PISA 测评自研发以来，已在多个国家与地区开展了教育评估实施，其测评理念、试题命制、测评框架均获得专家学者的一致认可，在国际上引起了强烈反响。PISA 数学素养测评中的评价体系对我国的数学学科测量与评价具有宝贵的借鉴意义。

（二）PISA 数学素养测评演变的时代背景

随着大数据时代的到来，社会各界对数学的需求与日俱增。2015 年，联合国在《变革我们的世界：2030 年可持续发展议程》中提出 17 项可持续发展目标，第 4 项目标为确保包容和公平的优质教育，促进全民享有终身学习机会。与此同时，OECD 也启动了一系列科研项目，如"世界各国数

学课程如何体现数学素养 21 世纪技能"。随后联合国教科文组织又发布了《教育 2030 行动框架》，确立了全球教育发展的路径与阶段性目标。同期，OECD 发布《教育与技能的未来展望：OECD 2030》，提出学校教育应让学生获取更加全面的知识与技能，更好地应对未来世界的挑战。OCED 指出数学课程的改革应加强对"如何体现数学素养与 21 世纪技能的联系"这一问题的思考与重视。从"教育公平"到"优质教育"，全球各地对教育理念应当适应社会发展的诉求推动了 OECD 对 PISA 数学素养测评框架的与时俱进的不断修订。此外，这些长远的发展目标、教育理念也为 PISA 数学素养测评框架的制定、测评内容及手段的变革提供了重要的参考依据。数学素养内涵的更新、PISA 测评框架的演变是适应社会发展的时代产物，也是衡量青少年学生迎接真实世界挑战能力的必然要求。

(三) PISA 数学素养测评的演变

1. 数学素养内涵的演变

PISA 将素养界定为学生在主要学科领域运用知识与技能的能力，以及在不同的情境中提出问题、解决问题和解释问题时有效地分析、推理和交流的能力。[①]对于数学素养，PISA 也将其归为一种个体能力。每一次发表测评框架时，PISA 都会给出其最新修订的数学素养内涵。2000 年，OECD 举办第一届 PISA 评估时，将数学素养定义为"个体识别和理解数学在世界中所起作用的能力，做出有根据的数学判断的能力，以及作为一个关心社会、善于思考的建设性公民，为了满足个体目前和未来生活需要而从事数学活动的能力"。2003 年，数学是 PISA 测评的主考试领域。数学素养的定义又有了一定的修订，具体而言，2000 年版本定义中的"满足个体目前和未来生活需要"被修改为"满足个体生活需要使用并从事数学活动"，强调运用数学解决数学问题。该定义基本延续到了 2006 年及 2009 年的考试框架中。而 2012 年，当数学再次成为主考试领域，数学素养的陈述有了较大程度的调整。PISA 2012 给出的数学素养定义为："个体在不同情境下表达、应用和阐释数学的能力。它包括数学推理能力和使用数学概念、过程、事实和工具来描述、解释以及预测现象的能力。它有助于个体作为一个积极参与的、善于思考的建设性公民，认识到数学在世界中所起的作用并做出有根据的数学判断和决定。"在此演变过程中，个体对数学作用的定位从"识别和理解"变化到"认识和辨别"。要求个体对数学的应用从"做出数学判断"发展到"做出数学判断和决定"，更加强调了对数学的运

---

① 朱小虎：《面向未来的参与能力——PISA "素养"概念的发展》，载《外国中小学教育》，2012（1）。

用以及数学对世界的作用。与此同时，对个体的角色定位从"关心社会、善于思考"变化到"积极参与、善于思考"，体现了对公民的能动性的要求。此外，PISA 2012 给出了数学素养的"能力"的详细表述，即"在不同情境下表达、应用和阐释数学"的能力，首次提出了"不同情境"，强调了用数学。PISA 2021 对数学素养的界定相比于 PISA 2012 又有了如下变更：一是"不同情境"修改为"不同的真实世界情境"，既注重情境的多样性，也强调了情境的真实性。这体现了 PISA 测评的本质，即测量与评价学生对真实问题的处理能力。二是在数学能力的表述中，将"数学推理"调整到最首要的位置，提出表达、应用和阐释数学的目的为"解决问题"。三是对学生的定位从"公民"变更为"21 世纪公民"，公民的特征仍然保持为"关心社会、善于思考、建设性的"。"21 世纪公民"的背后涵盖了丰富的 21 世纪技能，这表达了 PISA 2021 测评对"21 世纪公民应当具备与时俱进的数学素养"的诉求，体现了 PISA 2021 数学测评框架的世界前瞻性。四是从"认识和辨别"到"知悉"数学在世界中所起的作用的转变。2012 年认识和辨别数学发挥的作用默认了学生在真实世界中遇见的数学是包含在学校课程教育所介绍的数学范畴以内或学生已有认知范畴以内的。PISA 2021 则不再强调这种从属关系，认为真实世界中的问题未必折射学校课程的教学内容，而学生则需要知会数学在新情境中发挥的作用。 历届 PISA 数学素养的内涵定义见表 1-11。

表 1-11　PISA 数学素养的内涵定义

年份	PISA 数学素养的内涵定义
2000	数学素养是个体识别和理解数学在世界中所起作用的能力，做出有根据的数学判断的能力，以及作为一个关心社会、善于思考的建设性公民，为了满足个体目前和未来生活需要从事数学活动的能力
2003	数学素养是个体识别并理解数学在世界中所起作用的能力，做出有根据的数学判断的能力，以及作为一个关心社会、善于思考的建设性公民，为了满足个体生活需要使用并从事数学活动的能力
2009	数学素养是个体在不同情境下表达、应用和阐释数学的能力。包括数学推理能力和使用数学概念、过程、事实和工具来描述、解释以及预测现象的能力。它有助于个体作为一个积极参与的、善于思考的建设性公民，认识到数学在世界中所起的作用并做出有根据的数学判断和决定
2012	数学素养是指个体在真实世界的不同情境下进行数学推理，并表达、应用和阐释数学以解决问题的能力。它包括使用数学概念、过程、事实和工具来描述、解释和预测现象的能力。它有助于个体作为一个关心社会、善于思考的 21 世纪建设性公民，了解数学在世界中所起的作用以及做出有根据的数学判断和决定

2. 数学测评框架的演变

素养的测量与评价是通过特定的指标体系与测评框架来实现的,而测评框架是考试开发过程中提取特定领域考试方法而形成的系统结构。[①]

PISA 数学素养测评注重将具体的数学内容置于真实情境之中,学生在不同情境中需要利用不同的数学策略或表征解决问题,体现出其表达、应用和阐释数学的能力,在此过程中数学素养得以被测量。数学素养测评框架主要包含内容、过程与情境三个维度。目前,PISA 已公布的以数学素养为主要考查领域的测评框架有三个,分别为 2003 年、2012 年和 2021 年的 PISA 测评框架。从 PISA 公布的这些框架的变化与发展过程可知:每一次测评框架都会在前一版本的基础上进行一定的调整,包括框架的主体、结构体系及数学素养内涵等内容。历次测评,框架都将真实情境列于重要地位,以数学学科的知识为根基构建数学与世界的联系,重视数学建模过程,服务于评估学生现状、促进学生发展。

PISA 2003 数学素养测评框架指出,场景表示具体数学任务所处的学生世界的一部分,情境是指题目所在场景中的特定背景,且包括形成这一问题的所有具体构成要素。解决这一问题需使用相关数学领域的知识,即数学内容。内容、过程与情境共同构成 PISA 2003 数学素养测评框架的核心。在 PISA 2012 数学测评框架中,主要测评的是学生应对真实世界各种挑战的能力,以及在不同情境下用公式表示、使用与解释数学的能力。在此框架中,真实世界的挑战包含两大类:一是内容维度,二是情境维度。PISA 2021 数学测评框架将学生视为关心社会、善于思考、富有建设性的 21 世纪公民,并测评其如何运用数学知识与数学思想应对个体生活、职业生涯、公民生活等情境中的问题。该框架将数学内容分为空间和图形、变化和关系、不确定性和数据、数量四大部分,考查的四种情境为个体、职业、社会、科学。另外,PISA 2021 提出了如下 8 项 21 世纪技能:辩证性思维,创造性,研究与探索,自我引导、发起与坚持,信息使用,系统性思维,交流,反思,并指出将在试题的编制中渗透这些技能的相关内容。

接下来,本文将对 PISA 数学素养测评框架的内容、过程与情境维度的演变过程进行逐一梳理。

首先,是内容维度的演变。理解数学内容,并能够运用数学知识解决有意义的语境化问题,对现代公民来说,无疑是一项重要的能力。为使学

[①]　齐宇歆:《基于 PISA 的学习素养评价系统设计》,博士学位论文,华东师范大学,2013。

生在个体、职业、社会和科学背景下进行数学推理或数学解释，从而达到解决问题的目标，需要借鉴的某些特定的数学知识与数学理解，就是数学内容的内涵。因此，数学内容即为数学的基础知识，它是数学思维与数学能力的依托。PISA 测评的设计初衷不是为了测评学生在学校中对课程的掌握情况，且参加 PISA 测评的学生来自世界各地，同一时期所学的课程并不相同，因此，PISA 测评针对的是普遍的数学知识。在 PISA 2003 的数学测评中，数学内容包含如下四个方面：数量、不确定性、变化和关系、空间和图形。PISA 2012 的数学内容延续了 PISA 2003 数量、变化和关系、空间和图形这三类，并将"不确定性"修改为"不确定性和数据"，以从概率与统计视角更准确地表述不确定性的含义。PISA 2021 在保持基调总体不变的情况下，沿用了"不确定性和数据"的专业术语，但对"数据"赋予了其独有的时代特征，表现了数据分析处理能力在 21 世纪"大数据"时代中的重要性。

其次，是过程维度的演变。数学素养是个体在现实生活情境中利用数学知识与数学技能解决实际问题的能力，而解决问题的过程就称为数学过程。PISA 2003 将数学过程粗略地分为了三个阶段：第一阶段是将现实问题转化至数学世界；第二阶段是运用数学知识以解决问题；第三阶段是将数学结果返回至现实情境，并解释该结果在现实世界中的合理性。PISA 2012 首次将数学素养界定为使用与解释数学的能力，并给出了数学过程三个阶段的确切名称：数学表述、数学运用、数学阐释。包含这三个阶段的数学建模过程就是问题解决过程，它是搭建数学世界与真实世界的桥梁。PISA 2021 在延续 PISA 2012 数学过程的基础上，还鼓励学生将数学思维和计算思维相融合，通过实践体验数学问题的解决过程，鼓励学生练习预测、反思与调试的技能。该过程维度的发展与 PISA 最新发布的数学素养定义中所体现出的将学生视为"21 世纪公民"的理念相符合，反映了 21 世纪计算机时代的特征，彰显了 PISA 愈加关注现实、面向未来的价值追求，透露了时代发展的需求趋势。

最后，是情境维度的演变。数学情境作为数学素养的一个重要方面，表示数学应在某些背景下解决问题。数学问题中的数学情境对于问题的解决有着至关重要的作用。环境是个体世界的一个方面，问题就被放置于这个情境之中。数学策略及数学表示的选择通常取决于问题所在的情境。PISA 2003 将数学情境划分为四类：个体情境、公共情境、教育/职业情境、科学情境。PISA 2012 在 PISA 2003 的基础上进行适当延展，将"教育/职业情境"调整为"职业情境",将"公共情境"修改为"社会情境",其他两类情境无变动。特别地,此次测评将教育情境融于四类情境之中,不再对学生的学校与实际生活划分明显的界限,打破了校内与校外的壁垒。PISA 2021 延续了 PISA 2012 的数学情境四类分类标准,更重视现实生活与考试环境的矛盾关系,且涉及的情境基本覆盖了应对真实世界及培养 21 世纪公民素养所可能遇到的所有场景。

(四)PISA 数学测评的发展趋势

在历届的 PISA 测评中,PISA 数学框架经历了不断的调整与修订,也始终保持着其不变的初衷:落实以数学学科内容为基础的内容考查;坚持以真实世界为依托的情境选择;融入数学建模思想的数学过程。这些特征是数学素养测评的共性理念,为 PISA 数学测评的科学性、合理性、时代性、应用广泛性奠定了重要基础。与此同时,PISA 测评也在不断的发展与完善中更加与时俱进,更好地服务于国际社会的发展与进步。纵观 PISA 2000 到 PISA 2021 的发展历程,可以归纳出其如下的整体变化趋势。

1. 数学素养测评与时俱进的方向选择

在倡导终身化学习的时代背景下,PISA 考试突出了以人为本和终身学习的素养理念,聚焦于个体所具备的素养,以及知识技能在社会中的应用。因此 PISA 对数学素养的考查不囿于学校课程所教授的课本知识,而是将其延伸到学生生活环境的各种情境之中。[①]随着时代的变迁与社会的发展,世界对公民数学素养的要求也在不断地变化与更新。PISA 测评项目开发团队密切关注着未来社会的发展趋势,并尝试将其体现于 PISA 的测评之中。为了迎接 21 世纪的挑战,培养合格的"21 世纪公民",PISA 2021 提出了 8 项 21 世纪技能,将其纳入数学测评框架中。

2. 数学素养测评环环相扣的框架结构

对比 PISA 2003 至 PISA 2021 数学素养测评框架,可以看出,在 2021 年以前的数学素养测评框架中,数学内容与数学建模过程是分别列出的,而在 PISA 2021 的数学素养测评框架中,两者呈现出不可分割的关系。这体现了数学内容在解决数学问题过程中的基础作用。如图 1-3 所示,纵观 PISA 数学素养测评的框架演变过程,我们可以看出,数学内容、数学情境、数学过程这三大考查维度的联系更为紧密,数量、不确定性和数据、

---

① 曹一鸣、朱忠明:《变与不变:PISA2000—2021 数学测评框架的沿革》,载《数学教育学报》,2019(4)。

变化与关系、空间与图形这四大数学内容也呈现了环环相扣的特点。此外，数学推理在 PISA 2021 数学素养测评框架中的轴心位置，突出了其在问题解决的"数学过程"中的核心地位，说明数学推理贯穿于问题解决的整个过程之中。

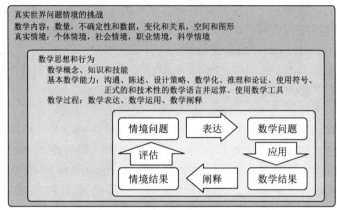

（a）PISA 2012数学素养测评框架

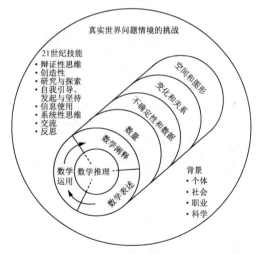

（b）PISA 2021数学素养测评框架

图 1-3   PISA 2012 与 PISA 2021 数学素养测评框架[①]

---

①   曹一鸣、朱忠明：《变与不变：PISA2000—2021 数学测评框架的沿革》，载《数学教育学报》，2019（4）。

3. 数字信息化的测评内容和手段

信息化和数字化是 21 世纪以来世界科技与文化迅速发展的产物。数字化与信息技术对国际基础的教育测量与评价产生了深刻的影响，这些影响不仅体现在对学生的有关理解或操作能力的评估与测量上，也体现在测量手段本身的革新之中。例如，阅读的载体由"纸面材料"扩大到了屏显文本、电视电影、动画等视觉材料。此外，从测评手段上来看，PISA 在 2009年以前全部采用纸笔考试；2009 年和 2012 年，部分国家可以选择以计算机为基础的评估载体；2015 年的考试则默认为计算机评估。[①]

从纸笔考试到计算机考试的转变，打破了传统考试费时多、统计难度大、评价范围有限、评价效率低等局限性。同时，通过计算机，相关组织者还可监控学生问题解决过程中的思维方式与尝试路径，从而做出更为详尽、科学的评估报告。此外，信息技术的使用增大了抽样的规模，使测量的结果更具备代表性与科学性。

二、国内数学学科考试与评价的发展趋势

《课程标准（2011 年版）》提出了"四基"与"四能"为主的课程目标。该目标为全国各地初中数学学业考试的优化与改革指明了方向。《普通高中数学课程标准（2017 年版 2020 年修订）》提出以"数学学科核心素养"为根本的课程目标，促进了中考数学考试与评价的进一步变革。

《中共中央 国务院关于深化教育教学改革全面提高义务教育质量的意见》《国务院关于深化考试招生制度改革的实施意见》《教育部关于全面深化课程改革落实立德树人根本任务的意见》《教育部关于进一步推进高中阶段学校考试招生制度改革的指导意见》等若干文件都对考试评价的改革指明了方向：稳步推进初中学业水平考试省级统一命题，坚持以课程标准为命题依据，不得制定考试大纲，不断提高命题水平；考试内容要符合课程标准、联系学生生活实际；坚持育人为本，促进学生德智体美全面发展，培养兴趣爱好，为学生进一步发展打好基础；坚持公平公正，不断完善规则程序，为学生创造平等升学的机会；坚持科学规范，遵循教育规律和学生成长规律，使学、考、招有机衔接，减轻学生过重的课业负担。

① 杨艳华、温龙岚、杨其等：《国际学生评价项目（PISA）及其对我国基础教育的启示》，载《遵义师范学院学报》，2016（2）。

本书希望通过对国内外数学测评的研究推动中考数学教育评价与教学实践的改革。本书下面以北京市为例，对初中数学学业水平考试的发展趋势展开分析。

(一)核心素养内涵的提出与发展

1. 核心素养的提出与建立

2014年3月，《教育部关于全面深化课程改革落实立德树人根本任务的意见》这一文件中，首次出现"核心素养"一词。该文件指出，教育部将组织研究提出各学段学生发展核心素养体系，明确学生应具备的适应终身发展和社会发展需要的必备品格和关键能力，突出强调个体修养、社会关爱、家国情怀，更加注重自主发展、合作参与、创新实践。研究制定中小学各学科学业质量标准和高等学校相关学科专业类教学质量国家标准，根据核心素养体系，明确学生完成不同学段、不同年级、不同学科学习内容后应该达到的程度要求，指导教师准确把握教学的深度和广度，使考试评价更加准确反映人才培养要求。各级各类学校要从实际情况和学生特点出发，把核心素养和学业质量要求落实到各学科教学中。2016年2月22日至3月20日，教育部基础教育二司委托中国教育学会就《中国学生发展核心素养（征求意见稿）》面向各省区市学会与相关分支机构征求意见。2016年9月，具有中国特色的"核心素养"建立起来。学生发展核心素养，主要指学生应具备的、能适应终身发展及社会发展所需要的必备品格和关键能力。

2. 数学学科核心素养的提出与发展

随着"学生发展核心素养"内涵的建立与公布，高中"数学学科核心素养"的架构也逐步落实。《普通高中数学课程标准（2017年版2020年修订）》明确解释了数学学科核心素养的内涵。数学学科核心素养是数学课程标准的集中体现，是具有数学基本特征的思维品质，关键能力及情感、态度与价值观的综合体现，是在数学学习和应用的过程中逐步形成与发展的。数学学科核心素养包含数学抽象、逻辑推理、数学模型、直观想象、数学计算和数据分析。

(二)北京市中考数学的发展趋势

为顺应考试招生制度和新课程标准改革的趋势，满足数学基础教育发展的需求，促进学生数学学习能力的全面发展，自《课程标准（2011版）》颁布以来，北京市先后在2015年、2018年进行了两次中考数学考试改革。且2021年开始实施"两考合一"，由中考向"初中学业水平考试"

过渡。本节通过对北京市近年来的中考数学试卷的分析，归纳出北京市初中数学学业水平考试如下几点的发展趋势。

1. 落实"四基"要求，凸显主干知识

试卷紧扣课标和教材，注重对基础知识、基本技能、基本思想和基本活动经验的考查。各知识领域的分值设计与课标要求相符，大部分题目的创设与教材联系密切。梯度设计细致合理，符合初中学生的认知规律与水平，体现了中考的要求。相较于 2018 年、2019 年卷，2020 年卷不仅增加了基础试题的数量，基础试题中还减少了多个知识点综合的题目，大部分试题重在考查基本概念和基本性质，同时关注了数学思维能力的考查，充分体现了数学学科"多思少算"的特征。如 2020 年卷的第 4 题、第 10 题、第 13 题、第 15 题、第 23 题，既是对课堂教学效果的检验，也是引导教学要立足于知识本质的理解。再如 2020 年卷第 20 题，要求学生既能依据作法准确作图，还能解释作图原理，引导课堂教学在关注学生掌握技能的同时，更要使学生关注理解技能操作中蕴含的数学原理。试卷在考查基础知识、基本技能、基本思想和基本活动经验的基础上，重点考查了支撑学科体系的主干知识，特别重视对初中核心概念函数的考查，如 2020 年卷第 8 题、第 13 题、第 22 题、第 24 题、第 26 题，立足于函数的基本概念、图象和性质，全面且多角度考查学生对函数基础知识掌握的情况，利用数形结合解决问题的能力，对函数教学起到较好的引领作用。2021 年北京卷与 2020 年北京卷相比，在题型和设问上保持了稳定。2021 年卷的第 2 题、第 3 题、第 4 题、第 9 题、第 10 题等考查了基本概念和性质。2021 年卷的第 8 题、第 12 题、第 23（1）题、第 26（1）题考查初中三种函数的概念、图象和性质，突出了对主干知识的考查，既考查了基础知识，也注重知识的整体性和知识之间的联系。2021 年卷的第 11 题、第 18 题、第 19 题以不同知识为载体实现了对运算能力的考查，第 23 题借助函数图象，在运动变化中找到临界状态，体现了数形结合的思想方法。

2. 关注核心素养，考查思维深度

与数学学科相关的核心素养是数学课程目标的集中体现，是具有数学基本特征的思维品质，关键能力及情感、态度与价值观的综合体现，是在数学学习和应用的过程中逐步形成和发展的。北京卷的设计突出了对学生核心素养的考查，注重学生未来的发展。此外，北京卷的设计还关注思维广度的考查，体现高质量地认识问题、分析问题、解决问题所必须具备的能力。

如 2020 年卷第 24 题，以函数学习的全过程为背景，整体把握函数学习的主线。学生在研究一个具体函数时，首先分析函数表达式，对函数的性质进行初步的探究、猜想，在此基础上，经历列表、描点、连线等画函数图象的过程，学生对数学的认识从感性认识上升到理性认识，并得到加深，从而通过数形结合解决问题。试题给不同层次的学生以充分展示个体能力水平的空间，凸显了数学学科的特色，体现了几何直观和推理能力的核心素养。与 2018 年、2019 年卷相比较，2020 年卷适当增加了对函数表达式的理性分析，突出研究方法的一致性，关注学生的发展。例如，第 25 题的第（3）问，以厨余垃圾分出量为背景，考查方差的学习过程，突出数据观念的核心素养。试题引导教学关注积极的学习过程，关注知识本质，将数学教学活动重心从关注教转到关注学，放在促进学生学会学习上，提高学生的自主学习能力，使学生学会学习，自觉地发展核心素养。

如 2021 年卷第 16 题，创设了加工相同原材料的生产线的现实情境，考查学生对用文字和符号描述的数学条件的阅读理解能力，对题目中信息的提取、加工和处理能力及建立合适的数学模型的能力，鼓励学生用多样化的方法、不同的数学模型来分析、解决现实问题，考查模型思想与应用意识。2021 年卷第 26 题来源于教材和课堂教学，立足于二次函数的概念、图象和基本性质这些学科主干知识的考查，引导学生结合二次函数图象的对称性，利用数形结合的方法进行推理，重点考查学生利用在初中学段的学习中所积累的主干知识和学习经验进行思考和说理。学生可以通过对问题的深入分析选择不同的方法，合理降低运算量，体现了试题坚持对学生能力和核心素养的考查要求，实现了试题的选拔功能。2021 年卷第 27 题延续了北京卷以往的风格，考查学生识别、分析和提炼问题情境中的基本几何图形及其性质等内容，要求学生利用自身的学习经验，以及所学过的常用图形变换，通过画图、观察和分析图形运动变化的全过程，猜想、探究蕴含其中的几何图形数量之间的关系和规律，从而考查学生的几何直观、对基本图形中的常用辅助线的认知、对通用方法的掌握情况和逻辑推理能力。2021 年卷第 28 题作为北京一贯坚持的特色试题，坚持了对概念学习的过程性考查，以学生学习的重点知识之一的旋转为主要背景，定义了"关联线段"，以实践操作、探索发现、证明猜想为活动主线，让学生经历学习、研究新知识的一般过程，从特殊情况入手，继而研究一类"关联线段"的特征，探究和解决问题，在现场学习的活动经验的积累过程中提升核心素养。

　　由此可见，北京卷在近年及以后的试卷中将更加关注对思维深度与核心素养的考查，体现试卷的选拔功能。

　　3. 关注情境创设，实现育人功能

　　北京卷进一步丰富了试题的选材范围，创设了丰富的现实情境、文化情境，以学生个体生活和社会公共生活为背景设计试题，反映了数学的多种应用情境，在数学知识内容与提出的问题之间架起桥梁，引导学生在运用数学知识解决问题的过程中，切实感受到数学的应用价值。

　　2020 年卷试题贴近学生生活实际，注重考查知识的运用和实践。第 2 题、第 7 题、第 8 题、第 16 题、第 25 题考查了数学知识在实际背景中的应用，约占试题总数的 18%。2021 年卷第 6 题以学生非常熟悉的抛硬币实验为背景，考查学生对于概率意义的理解，以及用列举法求概率的方法；第 8 题延续了 2020 年北京卷的命题思路，选取了教材中的问题情境，研究了周长确定的矩形其相邻两边之间的关系以及面积和一边之间的关系，考查了学生对函数模型思想的掌握；2021 年卷第 16 题以工业生产中的分配加工业务问题为背景，引导学生用模型思想解决问题，学生需要在理解题意的基础上，做出理性的分析和判断；2021 年卷第 25 题以两个城市的邮政企业收入问题为背景，考查平均数和中位数的统计意义以及用样本估计总体等数据分析的观念，也增强了学生分析和解决现实问题的能力。

　　北京卷充分落实立德树人的根本任务，体现正确的育人导向，促进和推动了学生全面发展、健康成长，发展素质教育。其中 2020 年卷第 2 题，以 2020 年 6 月 23 日，北斗三号最后一颗全球组网卫星成功发射升空为背景，考查了科学记数法，让学生在解决问题的同时了解我国最新的科技发展成就；第 25 题，以某小区厨余垃圾分出量为背景，考查从统计图表中提取信息，进行统计推理的能力，可使学生积累统计活动经验，加深理解统计思想与方法，同时将环保理念融入其中，不仅突出数学的应用价值，而且实现了育人功能。2021 年卷第 2 题以脱贫攻坚中的教育扶贫为背景，考查科学记数法的知识，引导学生胸怀祖国、关注社会，厚植爱党爱国爱社会主义情怀，自觉肩负为实现中华民族伟大复兴而奋斗的使命担当。2021 年卷第 20 题以《淮南子·天文训》中记载的利用杆的影子确定东西方向的方法，设计了尺规作图问题和简单的几何推理，实现教育育人、文化育人，是新时期进行社会主义核心价值观教育的必然要求，增强了文化自信。

(三)PISA 数学测评对我国数学学科测评改革的启示

从相同知识点试题呈现形式上看，PISA 试题更加具体化、生活化，更加符合学生的年龄特征和生活体验。我国数学学科测评试题的数学化特征更显著。虽然已经在试题贴近学生生活角度上做出了很大改进，但与 PISA 试题相比，我国的试题更注重考查学生对概念的理解以及对问题的读取。基础知识和基本技能是义务教育阶段学生数学学习的重要组成部分，这个年龄段的学生读取数学问题，显然问题越生活化他们理解题意越容易。

从试题实际背景类型上看，PISA 数学素养测评的试题强调真实情境问题"数学化"，重视对学生运用数学知识与数学技能解决现实生活中的实际问题的能力的测评。这体现了 PISA 数学素养测评对培养学生应对现实生活挑战能力的重视，符合"终身学习"与"优质教育"的国际教育趋势。近年，我国数学测评在题目的选取与编排上也有意识地融入了真实情境的背景元素，但在情境的选择上，更侧重于个体情境与社会情境，较少涉及科学情境或职业情境。虽然职业情境对中学生而言还比较陌生，但也是其走向社会以后必然会遇到的现实情境。PISA 数学素养的核心内容即学生为迎接未来生活挑战应具备的能力，因此我国的数学测评中可以考虑加入更多职业情境，让学生体会到数学在职业生涯中所能发挥的作用，体会数学的魅力与价值，为未来生活做更好的准备。此外，科学情境的创设有利于培养学生的高阶思维和运用数学解决多学科融合的综合问题的能力。例如，集科学（Science）、技术（Technology）、工程（Engineering）、艺术（Arts）、数学（Mathematics）于一体的 STEAM 教育，就离不开对数学的运用。学生在科学情境的问题解决中收获成功的喜悦，也更有助于培养其为科技事业的进步而献身的情怀。因此，我国的数学学科考试与评价中应该关注真实情境的多方面创设，在问题解决的过程中落实立德树人的教育任务，推动素质教育的全面发展。

从评价方法上看，我国的数学考试评价还是基于分数等级来区分学生的学科能力水平。虽然试题答案关注到了多种不同解法求解问题，以体现不同学生的思维习惯和思维水平，但是更多的学生在数学考试中解决问题的关键仍然是快速选择合适的定理性质及解题技巧。PISA 试题中更体现学生对问题的认识以及合理的科学思考，计算等解题步骤会相对简化，更体现对学生思维的考查。我国的评价也是基于学生题目作答的完成度给分。PISA 试题评价思维水平高低更关注学生解决了什么层级的问题，而不仅仅是关注达成的结果。

从试题的开放性上看，我国的中、高考试题都已经在尝试开放性问题命制，这些开放性问题多以填空题或选择题呈现，分值 2~5 分不等。PISA 2003 题目分配比例设计中，开放性解答题约占试题总数的三分之一，我国的中、高考试题从开放性问题的分值和占比来看都远远低于 PISA 试题。数学开放性问题更有利于考查学生创造能力的水平，因其多以实际问题提出，不同层级的学生都可以参与解答，有利于考查学生在解答过程中是否能够主动重建认知结构。

从命题的框架来看，我国的数学学科考试基于国家课程标准所要求的学习内容和学习要求，针对数学课程的核心概念，在数与代数、图形与几何、统计与概率和综合与实践四大领域开展考查，而 PISA 试题命制框架在数学素养的概念基础上提出整体观念、能力群、情境或场合三个考查维度。其中整体观念和能力群涵盖了数学知识和数学能力。我国数学学科考试试题与 PISA 试题相同，在各个考查维度中都细化了不同水平层级。命题框架不同，数学学科考试的试题着眼点就不同，我国的试题更关注知识掌握的水平和问题解决的水平，PISA 试题更加关注运用知识解决问题的水平。

要在数学学科考试中融入数学建模思想。目前我国的中学数学学科考试，更侧重于知识与技能的考查，对数学过程考查的力度较小。数学素养是个体在现实生活情境中利用数学知识与技能解决实际问题的能力，而解决问题的过程就可被称为数学过程。从真实情境抽象出数学模型，利用数学知识求解数学模型，再根据结果解释实际问题，在此过程中发挥关键作用的即为数学建模思想。PISA 数学测评自 2000 年以来，一直在不断改进与完善其数学测评框架，重视对学生在解决问题时的数学建模能力的考查，为我国数学学科考试与评价工作的开展提供了重要的经验借鉴与思想指导。在重视数学素养的时代主流与国际环境背景下，我们更应该在考试与评价中融入数学建模思想，加强学生数学过程的考查。

从考试方式来看，我国数学学科考试基本采用闭卷笔答考试，偶尔会出现计算机考试的情况，一个重要原因是我国区域考试的时间一般是统一的，同一时间内难以满足大量的学生同时开展计算机考试。如果安排在不同时间考试，又难以保障考试的公平性。PISA 测评自 2015 年开始，已逐步向计算机测评转型。PISA 2021 的主要考试方式即为基于计算机的数学测评（Computer-Based Assessment of Mathematics，CBAM）。从纸笔测评到计算机测评的转变，不仅能够打破传统考试带来的费时多、统计难度大、评价范围有限、评价效率低的局限性局面，还能提供更为详尽、科学的测量评估报告。此外，在大数据与信息化的时代背景下，综合运用信息技术解决数学问题也是数学素养与时俱进的重要体现。因此，我国的数学学科测评应该加强信息技术的整合，采用多样化的测评方式，全方面培养学生的问题解决能力。

第二章　数学学科考试编制

本章将介绍如何进行数学学科考试的编制。

第一节从整体上介绍如何编制数学学科考试，包含考试编制的指导思想与依据，以及编制考试的一般过程，再从实际经验出发，给出具体的框架、蓝图样例和题目的多维细目表样例。

第二节聚焦数学学科客观题的命制，介绍了数学学科客观题，即单项选择题的题干、选项的编制原则、编制的过程、编制的素材选择，并基于核心素养评价的角度选取了一些典型的数学学科客观题进行评析。

第三节对数学学科主观题的类型进行分析，列举典型示例加以说明；描述了不同类型的主观题的考查功能定位、主要特点、题目设计；最后结合例子，阐述典型试题对核心素养的考查。

第四节立足数学学科应用题，从命题的视角，阐述了应用题的情境设计、能力立意和核心素养指向，选取了典型应用题示例进行分析。

第一节　数学学科考试编制综述

随着立德树人根本任务的明确、核心素养理念的提出，以及课程改革的推进落实，数学学科考试需要与时俱进，体现核心素养与课程内容的有机结合，为落实立德树人根本任务服务。

一、数学学科考试编制的指导思想与依据

(一) 从中国学生发展核心素养到学科核心素养

2016 年 9 月，中国学生发展核心素养研究团队正式发布了研究结果，将学生发展核心素养定义为学生应具备的、能够适应终身发展和社会发展

的正确价值观、必备品格和关键能力。中国学生发展核心素养以培养"全面发展的人"为核心，分为文化基础、自主发展、社会参与三个方面，整合了个体、社会和国家三个层面对学生发展的要求，综合表现为人文底蕴、科学精神、学会学习、健康生活、责任担当、实践创新六大素养。为了便于实践应用，这六大素养被进一步细化为 18 个基本要点，即人文积淀、人文情怀、审美情趣、理性思维、批判质疑、勇于探究、乐学善学、勤于反思、信息意识、珍爱生命、健全人格、自我管理、社会责任、国家认同、国际理解、劳动意识、问题解决、技术运用。

核心素养在数学学科中的体现，包括以下三个方面：会用数学的眼光观察现实世界，会用数学的思维思考现实世界，会用数学的语言表达现实世界。《普通高中数学课程标准（2017 版 2020 年修订）》提出了数学学科核心素养：数学抽象、逻辑推理、数学建模、直观想象、数学运算、数据分析。《课程标准（2022 年版）》指出，在义务教育阶段，数学眼光主要表现为：抽象能力（包括数感、量感、符号意识）、几何直观、空间观念与创新意识；数学思维主要表现为：运算能力、推理意识或推理能力；数学语言主要表现为：数据意识或数据观念、模型意识或模型观念、应用意识。

（二）落实学科能力，提升核心素养

《课程标准（2022 年版）》提出，初中阶段，核心素养主要表现为：抽象能力、运算能力、几何直观、空间观念、推理能力、数据观念、模型观念、应用意识、创新意识。《课程标准（2022 年版）》提出的核心素养的主要表现正是学生通过数学学科学习之后需要逐步形成的学科能力。义务教育阶段，落实《课程标准（2022 年版）》提出的核心素养主要表现及其内涵，是提升学生核心素养的途径。

（三）基于学科知识，发展学科能力

学生数学学科能力的发展，是以数学学科知识为载体的。《课程标准（2022 年版）》提出了课程目标，即通过义务教育阶段的数学学习，学生能获得适应社会生活和进一步发展所必需的数学的基础知识、基本技能、基本思想、基本活动经验；体会数学知识之间、数学与其他学科之间、数学与生活之间的联系，在探索真实情境所蕴含的关系中，发现问题和提出问题，运用数学和其他学科的知识与方法分析问题和解决问题；义务教育阶段的数学课程内容由四个学习领域组成，即数与代数、图形与几何、统计与概率、综合与实践。《课程标准（2022年版）》明确了四个领域的学业要求。

（四）数学学科考试的编制

《课程标准（2022年版）》明确了学业水平考试的性质和目的，命题者要坚持素养立意，凸显育人导向，遵循课标要求，做好命题规划，再进行试题命制。

基于以上的论述，在进行数学学科考试编制时，要遵循以下原则。首先，试题应体现育人为本的教育目标和积极的价值导向；其次，考试要发挥立德树人的导向，因此试题的命制要明确试题的核心素养指向，从素养立意出发，促进核心素养在教学中的落实；最后，试题应围绕《课程标准（2022年版）》中提出的核心素养表现展开，突出对学科能力的关注。

二、数学学科考试的编制过程

数学学科考试的编制，除了明确、正确的指导思想和依据外，更要有一个科学严谨的编制过程。数学学科考试的编制通常要经历三个阶段，即考试的整体设计，具体题目的命制，考试试卷的组合、审查和确定。编制过程一般包含以下几个具体步骤：

（1）明确考试评价的目标；

（2）确定考试的范围；

（3）制定考试的框架和蓝图；

（4）设计题目编制的多维细目表；

（5）命制题目及答案；

（6）审查题目；

（7）确定考试试卷。

在进行考试的整体设计时，明确考试评价的目标是数学学科考试的重要前提，比如高中阶段数学学科的学业水平考试与高考就是两种不同性质的考试。学业水平考试的目标是衡量学生是否达到预期教学目标，这种考试将个体分数与特定的标准比较，评价学生成绩是否合格，不考虑学生个体在团体中的相对位置；而高考旨在选拔进入不同水平大学学习的相关人才，这种考试以学生团体考试的平均成绩为参照标准，说明学生个体在团体中的相对位置，重在个体之间的比较，因此要求考试的命制难度适中，尽量有较强的区分度。

根据考试评价的目标，在进行考试的整体设计时，命题者需要遵循一些原则。一方面，考试应全面考查课程标准中要求达成的目标，在内容领域，关注对数与代数、图形与几何、统计与概率、综合与实践的考查；在核心素养方面，关注抽象能力、运算能力、几何直观、空间观念、推理能力、数据观念、模型观念、应用意识、创新意识的表现及内涵，既考查学生对所学知识、技能的理解和应用，也考查学生在学习过程中对数学思想的感悟与认知，以及对数学活动经验的积累。另一方面，考试的题型结构（主观题与客观题的分配）应恰当合理，考试题目数量、难度应当适度，考试题目所覆盖的知识点应相对均衡，呈现方式适当多样化，且拥有适度的自主性和开放性。试卷的整体设计规划表如表 2-1 所示。

表 2-1　试卷的整体设计规划表

数学学科 能力领域	数与代数		图形与几何		统计与概率		综合与实践		合计/%	
	题量	分值	题量	分值	题量	分值	题量	分值	题量/%	分值/%
知识技能										
数学思考										
问题解决										
合计										

命题者基于考试评价目标和考试整体设计原则，制定考试的框架和蓝图。在考试的框架和蓝图中，指明了所要考试的知识或维度以及它们在整个考试中所占的比例和所采用的题型、题量等，考试的框架和蓝图的制定保证了知识分布的合理性、知识的覆盖率，有利于突出考查重点，容易满足预定设计参数，因此考试的框架和蓝图要尽可能全面、准确，为编制考试题目奠定基础。

在制定考试的框架和蓝图之后，命题者依据其构想，开展具体题目及答案的命制。针对每一个题目，要制订题目编制的多维细目表。一般来说，多维细目表编制得越详细，为题目编制提供的指导就越多。因此，在多维细目表中，应明确题目的类型、题干及题干特征、涉及的知识要素、考查的核心内容和核心能力、题目的预估难度及区分度。对于客观题（选择题），多维细目表还应包括对选择支的预想，对于主观题（填空题、解答题），多维细目表应包括对解答过程和解答思路的分析。

最后，命题者需进行题目的审查和考试试卷的拼组、调试和完善，从而确定考试试卷。

三、数学学科考试的框架与蓝图

以某年级数学学科学业水平考试为例，考试评价的目标主要在于对学生学业水平达到《课程标准（2022 年版）》的情况进行测查与评价，基于考试评价的目标，学业水平考试的框架可以从数学内容和数学能力两个方面进行构建。数学内容包括数与代数、图形与几何、统计与概率、综合与实践四个领域。数学能力包括知识技能、数学思考和问题解决三个领域。

依据考试框架，我们可以确定考试的内容细目：考试以纸笔形式进行，考试题型包括选择题、填空题、解答题等。我们可以进一步制定考试的蓝图，蓝图的制定可以从题目基本信息（题号、题型）、数学学科内容领域、数学学科能力领域、题目特征描述、题目指标预计这五个维度展开，样例如表 2-2 所示。

表 2-2　考试框架内容细目表

总分值：_____ 分　作答时间：_____ 分钟　整卷难度：_____

题目基本信息		数学学科内容领域				数学学科能力领域		
题号	题型	数与代数	图形与几何	统计与概率	综合与实践	知识技能	数学思考	问题解决

题目特征描述				题目指标预计		
题目描述	理论得分等级	满分值	选项含义	预估平均分	预估难度	预估区分度

基于以上考试框架，我们举一个例子说明如何进行题目命制。我们选取根据考试框架制定的考试蓝图中的一部分，如表 2-3 所示。

表 2-3 考试蓝图内容举例

总分值：_____分　　作答时间：_____分钟　　整卷难度：_____

题目基本信息		数学学科内容领域				数学学科能力领域		
题号	题型	数与代数	图形与几何	统计与概率	综合与实践	知识技能	数学思考	问题解决
					*			*
		题目特征描述				题目指标预计		
		题目描述	理论得分等级	满分值	选项含义		预估平均分	预估难度	预估区分度
					选项	错误类型			
解答题		了解所学知识的关联，综合运用数与代数、图形与几何的相关知识和经验解决问题	0,1,2,3,4,5	5	0	不理解题意，不会用代数式表示图形面积	3.5	难	高
					1	会用代数式表示图形面积			
					2	会用代数式表示图形面积，会根据题意列出方程，不能正确求解方程			
					3	会用代数式表示图形面积，会根据题意列出方程，能正确求解方程，后续计算错误			
					4	会用代数式表示图形面积，会根据题意列出方程，能正确求解方程，会根据计算结果代入求值，并计算正确，忘记答题			
					5	会用代数式表示图形面积，会根据题意列出方程，能正确求解方程，会根据计算结果代入求值，并计算正确，能正确答题			

相对应的题目及参考答案如下。

【案例 2.1】

试题

王老师购买了一套经济适用房，他准备将房子的地面铺上地砖，地面结构如图 2-1 所示。根据图中所给的数据（单位：m），解答下列问题。［本题共 5 分，其中第（1）问 1 分，第（2）问 4 分］

（1）用含 a,b 的代数式表示地面总面积；

（2）已知客厅面积比卫生间面积多 21m² ，且地面总面积是卫生间面积的 15 倍。如果铺 1m^2 地砖的平均费用为 100 元，那么铺地砖的总费用为多少元?

参考答案

解：（1）$S_{\text{总面积}} = 2b + 6a + 3 \times 4 + 2 \times 3 = 18 + 2b + 6a$；……………………（1 分）

（2）根据题意列方程组：

$$\begin{cases} 6a - 2b = 21, \\ 18 + 2b + 6a = 15 \times 2b。 \end{cases} \quad \text{……（2 分）}$$

解方程组得 $\begin{cases} a = 4, \\ b = \dfrac{3}{2}。 \end{cases}$　…………（3 分）

因为铺 1m^2 地砖的平均费用为 100 元，

所以铺地砖的总费用为：

$(18 + 2b + 6a) \times 100$

$= \left(18 + 2 \times \dfrac{3}{2} + 6 \times 4\right) \times 100$

$= 45 \times 100$

$= 4\,500。$　………………………………（4 分）

答：铺地砖的总费用为 4 500 元。………………………（5 分）

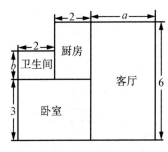

图 2-1　案例 2.1 图

试题评析

本题的命制立足于数学建模核心素养，创设了一个真实的情境，为考查学生问题解决能力提供了一个载体。本题的解决需要综合运用数与代数及图形与几何的相关知识和经验，属综合与实践领域。评分标准参考了不同水平学生的作答情况以及可能出现的错误类型，针对不同水平的表现，设置相应的得分。

针对每个题目，发展的多维细目表可以参照表 2-4 的样例。

表 2-4　题目多维细目表样例

试题类型	
试题分值	
试题内容	
解答过程	
解答思路	

续表

涉及知识要素	
考查的核心内容	
考查的核心能力	
预估难度	
预估区分度	

　　客观题和主观题的多维细目表的制定也可以有所区别，可以根据题型的特点有不同形式的呈现，如在试题内容上，在客观题的多维细目表中将题目的题干与选择支分开填写，同时加入选择支的预想；而在主观题的多维细目表中加入学生可能产生的误解的构想。具体可参考表 2-5 与表 2-6 的样例。

<table>
<tr><td colspan="3" align="center">表 2-5　客观题多维细目表</td></tr>
<tr><td>1</td><td align="center">试题类型</td><td></td></tr>
<tr><td>2</td><td align="center">试题分值</td><td></td></tr>
<tr><td>3</td><td align="center">题干</td><td></td></tr>
<tr><td>4</td><td align="center">题干的特征</td><td></td></tr>
<tr><td>5</td><td align="center">选择支</td><td></td></tr>
<tr><td>6</td><td align="center">选择支的预想</td><td></td></tr>
<tr><td>7</td><td align="center">解答过程</td><td></td></tr>
<tr><td>8</td><td align="center">解答思路</td><td></td></tr>
<tr><td>9</td><td align="center">涉及知识要素</td><td></td></tr>
<tr><td>10</td><td align="center">考查的核心内容</td><td></td></tr>
<tr><td>11</td><td align="center">考查的核心能力</td><td></td></tr>
<tr><td>12</td><td align="center">预估难度</td><td></td></tr>
<tr><td>13</td><td align="center">预估区分度</td><td></td></tr>
</table>

<table>
<tr><td colspan="3" align="center">表 2-6　主观题多维细目表</td></tr>
<tr><td>1</td><td align="center">试题类型</td><td></td></tr>
<tr><td>2</td><td align="center">试题分值</td><td></td></tr>
<tr><td>3</td><td align="center">题干</td><td></td></tr>
<tr><td>4</td><td align="center">题干的特征</td><td></td></tr>
<tr><td>5</td><td align="center">解答过程</td><td></td></tr>
<tr><td>6</td><td align="center">解答思路</td><td></td></tr>
<tr><td>7</td><td align="center">涉及知识要素</td><td></td></tr>
<tr><td>8</td><td align="center">考查的核心内容</td><td></td></tr>
<tr><td>9</td><td align="center">考查的核心能力</td><td></td></tr>
<tr><td>10</td><td align="center">误解的构想</td><td></td></tr>
<tr><td>11</td><td align="center">预估难度</td><td></td></tr>
<tr><td>12</td><td align="center">预估区分度</td><td></td></tr>
</table>

　　下面是一个题目及其多维细目表的具体呈现样例。

【案例 2.2】

试题

　　若点 $A\,(-1,\,y_1)$，$B\,(-2,\,y_2)$，$C\,(3,\,y_3)$ 在反比例函数 $y=-\dfrac{6}{x}$ 的图象上，则 y_1，y_2，y_3 的大小关系是（　　　）。

（A）$y_1 > y_2 > y_3$　　　　　（B）$y_2 > y_3 > y_1$

（C）$y_1 > y_3 > y_2$　　　　　（D）$y_3 > y_2 > y_1$

本题多维细目表如表 2-7 所示。

表 2-7　案例 2.2 多维细目表①

1	试题类型	选择题
2	试题分值	3 分
3	题干	若点 $A(-1, y_1)$，$B(-2, y_2)$，$C(3, y_3)$ 在反比例函数 $y = -\dfrac{6}{x}$ 的图象上，则 y_1，y_2，y_3 的大小关系是（　　）
4	题干的特征	已知反比例函数的解析式，以及函数图象上的三个点的横坐标，判断三个点的纵坐标的大小关系
5	选择支	（A）$y_1 > y_2 > y_3$　　　　（B）$y_2 > y_3 > y_1$ （C）$y_1 > y_3 > y_2$　　　　（D）$y_3 > y_2 > y_1$
6	选择支的预想	学生容易忽视反比例函数增减性是在两个不同区间内增或减，容易误选 C 或 D
7	解答过程	∵点 $A(-1, y_1)$，$B(-2, y_2)$，$C(3, y_3)$ 在反比例函数 $y = -\dfrac{6}{x}$ 的图象上， ∴$y_1 = 6$，$y_2 = 3$，$y_3 = -2$， 又∵$-2 < 3 < 6$， ∴$y_3 < y_2 < y_1$， 故选 A
8	解答思路	根据反比例函数图象上点的坐标特征求出 y_1，y_2，y_3 的值，比较后即可得出结论
9	涉及知识要素	反比例函数及其应用
10	考查的核心内容	反比例函数图象上点的坐标特征
11	考查的核心能力	推理能力
12	预估难度	0.90
13	预估区分度	低

① 为了完整呈现多维细目表，本多维细目表中的题干和选择支被完整列出，为避免内容重复，本书之后的多维细目表中的题干和选择支将以"略"代替。

第二节　数学学科考试客观题的编制

一、数学学科考试客观题的界定

"客观题"与"主观题"是一组相对应的概念，这两个概念是根据考试评分的性质对题目类型进行划分而得来的。主、客观题的划分，并不依赖于题目的编写和答案的类型，而是依据评分者在评分时是否受主观因素影响而定。因此，客观题指考试分数判定不受评分者主观意识干扰、学生的实得分数能客观反映作答正确率的一类题目。

数学评价与考试中的客观题主要是选择题，选择题由题干和备选答案两部分组成，它的基本特点是只要求从指定的选项中将正确的选项挑选出来，不要求写出解答过程。从题目功能上看，选择题可以考查学生对陈述性知识的理解程度，如对术语的辨析、区分和理解，也可以考查学生的数学抽象能力、推理能力、模型观念、运算能力和空间观念等。选择题可分为单选题和多选题两种形式，数学评价和考试中的客观题大多采用单选题形式，在所提供的四个选项中，只有一个选项是正确的。以下内容中对客观题的讨论直接针对这类选择题进行阐述。

（一）选择题的优点

每类题目都有它自身的优点和特色，选择题作为数学评价与考试中普遍采用的题目，优点如下。

首先，选择题的答案都很简短，学生能在较短的时间内回答较多的问题，一份试卷就能有较宽的知识和能力的覆盖面。解答选择题时学生的主要精力用于阅读、思考而不是书写，故答题速度较快。试卷就可以增大题量，扩大知识的考查面。题量的增加，一方面可以使教师获得广泛的有代表性的样本，有利于全面了解学生掌握知识的情况，也促使学生全面复习内容；另一方面会使随机误差的影响相互抵消。因此，选择题对提高考试的信度和效度有重要作用。

其次，选择题评分简单、准确而且迅速。选择题的答案标准统一，评分不受评分者主观因素的影响，信度和效度高。另外，选择题可以利用电脑评卷，使评卷的速度和自动化水平得到提高，大大节省了人力、物力和时间。

最后，选择题组成的试卷便于做定量分析，有利于命题者收集题目反馈并加以修改，从而提高试卷质量。教师通过选择题似是而非的选项的被选情况进行诊断，可以更好地发现学生学业中存在的问题，为后续的教学调整提供有利的依据。

（二）选择题的不足

每类题目也都有自己的短处、缺点，否则其他类题目便不会在考试中立足了。选择题也不例外，其缺点如下。

第一，选择题无法反映学生解决问题的思维过程。教师只能看到结论，难以分析出答错者究竟失误在何处，答对者是否可能有更高明的见解。

第二，选择题会助长猜测行为。客观题有一大部分题型是要求选择作答，当学生缺乏足够的信息来直接解答题目时，可能凭猜测作答得分。且由于答案简单，还容易发生抄袭等作弊现象。

一类题目的优点和缺点，是与其他类题目相比较而言的，是在一定条件下显现的。关于客观题的优点和缺点的论述、分析，是在与主观题比较的基础上产生的，是相对而言的。我们分析题型的优缺点，不是企图说明哪一类绝对地优于另一类，而是研究在什么条件下，使用哪一类更能发挥它的长处，并使它的短处对实际考试的有效性不构成实质性的干扰。

二、数学学科考试客观题的编制原则

数学学科的客观题，较为适合考查概念的理解、性质的运用、公式的变形、数值的计算、思维的切换等方面的情况。

从整体上，编制数学学科选择题应遵循以下原则。

第一，围绕《课程标准（2022 年版）》，体现核心素养，涵盖方面广泛。

选择题既要重视评价学生的基础知识和基本技能的掌握情况，也要关注对学生分析能力、思维能力的考查。命题者应兼顾考虑知识、不同的知识层次、难度设置的要求等，特别是在整套试卷命制时，要注意与其他类型题目的整体协调。

第二，注意题目的正确性、科学性、代表性。

编制题目的基本要求是确保题干及备选答案的正确性，同时题目的呈现要与时俱进，符合时代发展，内容具有代表性，不偏离课程内容。

第三，注意题目的明确性。

题目所要考查的知识点不宜过多，明确考查的知识及能力，问题要聚焦，切忌过于泛化。

下面通过具体例子来说明编写原则。

【案例 2.3】

试题

《九章算术》是中国古代重要的数学著作，其中"盈不足术"记载：今有共买鸡，人出九，盈十一；人出六，不足十六。问人数、鸡价各几何？译文：今有人合伙买鸡，每人出 9 钱，会多出 11 钱；每人出 6 钱，又差 16 钱。问人数、买鸡的钱数各是多少？设人数为 x，买鸡的钱数为 y，可列方程组为（   ）。

（A）$\begin{cases} 9x+11=y, \\ 6x+16=y \end{cases}$ （B）$\begin{cases} 9x-11=y, \\ 6x-16=y \end{cases}$

（C）$\begin{cases} 9x+11=y, \\ 6x-16=y \end{cases}$ （D）$\begin{cases} 9x-11=y, \\ 6x+16=y \end{cases}$

本题多维细目表如表 2-8 所示。

表 2-8   案例 2.3 多维细目表

1	试题类型	选择题
2	试题分值	3 分
3	题干	略
4	题干的特征	本题在传统文化情境下考查利用二元一次方程组求解实际问题
5	选择支	略
6	选择支的预想	题目设置的 A，B，C 选项考查学生是否正确理解"多出"与"不足"的含义，学生若选择以上错误选项，即反映出对实际问题的分析和理解存在问题
7	解答过程	由"每人出 9 钱，会多出 11 钱"可得 $9x-11=y$； 由"每人出 6 钱，又差 16 钱"可得 $6x+16=y$，故选 D

续表

8	解答思路	分析题意,正确理解"多出"与"差"的含义,抓住关键句,"每人出9钱,会多出11钱","每人出6钱,又差16钱",列出方程
9	涉及知识要素	二元一次方程组的应用
10	考查的核心内容	能根据具体问题中的数量关系列出方程
11	考查的核心能力	模型思想、应用意识
12	预估难度	0.90
13	预估区分度	低

试题评析

本题重视对学生的基础知识和基本技能的掌握情况的考查,也关注对学生分析能力、思维能力的考查。在能力与思想方面,本试题考查学生的建模思想、应用意识,以及从具体情境中获取信息、发现问题情境中的数量关系的能力。本题选自中国古代重要的数学著作《九章算术》中的"盈不足术",以中国古代数学文化为试题素材,能够让学生了解中国伟大的数学成就和数学发展,感受数学魅力,体现试题的育人功能。题目既关注了数学应用,同时也有利于提升学生的民族自豪感。

【案例 2. 4】

试题

已知在图 2-2 中 O 为圆锥的顶点,M 为圆锥底面上一点,点 P 在 OM 上。一只蜗牛从点 P 出发,绕圆锥侧面爬行,回到点 P 时所爬过的最短路线的痕迹如图 2-2 所示。若沿 OM 将圆锥侧面剪开并展开,所得侧面展开图是( )。

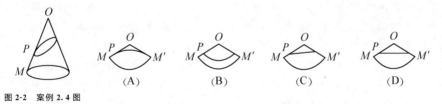

图 2-2 案例 2. 4 图

本题多维细目表如表 2-9 所示。

表 2-9 案例 2.4 多维细目表

1	试题类型	选择题
2	试题分值	3 分
3	题干	略
4	题干的特征	此题为数学知识的应用，考查运用两点之间线段最短这一基本事实来解决问题
5	选择支	略
6	选择支的预想	给出学生在思考过程中可能想到的所有假设，从而导致其误选
7	解答过程	蜗牛绕圆锥侧面爬行的最短路线应该是一条线段，因此选项 A 和 B 错误，又因为蜗牛从 P 点出发，绕圆锥侧面爬行后，又回到起始 P 点处，那么如果将选项 C，D 的圆锥侧面展开图还原成圆锥后，位于母线 OM 上的 P 点应该能够与母线 OM' 上对应的 P' 点重合，而选项 C 还原后两个点不能够重合。故选 D
8	解答思路	先判断最短路线是一条线段，再由圆锥的侧面展开图去判断
9	涉及知识要素	两点之间线段最短，圆锥的侧面展开图
10	考查的核心内容	两点之间线段最短
11	考查的核心能力	推理能力、空间观念
12	预估难度	0.95
13	预估区分度	低

试题评析

本题图文并茂，题干、立体图与侧面展开图相互呼应、相互补充，科学、准确地表达了题意，既消除了学生由于空间想象能力欠缺而产生的畏难心理，又适度地考查了学生的空间观念，有利于学生迅速理解题意。此外，本题通过图形这一载体，留给学生的思考空间较大，对提高试题的科学性有一定的帮助。

本题编制成选择题，不仅可以在一定程度上发挥问题的考查功能，还可以规避学生在观察、分析、空间想象过程中不易用文字语言表达的不足。

(一)选择题题干的编写原则

首先，在题干中，要用精练、明确的语言把题设（已知条件）和问题陈述清楚。题干仅呈现一个重要的概念或问题，对问题的陈述必须用词恰当、表意确切完整。学生阅读完题干后无须阅读选项就能准确理解题意，并且不会因题意的叙述不清，致使解题条件不足，对题目的解答产生争议。

其次，题设与结论之间的关联词、提问的指导语，既要合乎逻辑，又要无歧义，而且一般情况下应放在题干中。

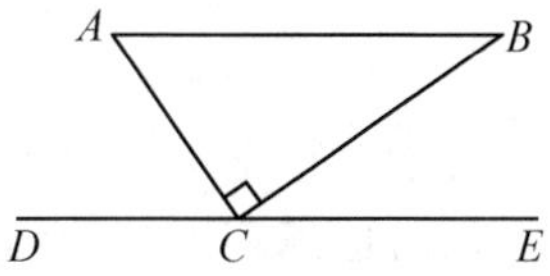

图 2-3　案例 2.5 图

【案例 2.5】

试题

如图 2-3，Rt$\triangle ABC$ 中，$\angle ACB = 90°$，DE 过点 C 且平行于 AB，若 $\angle BCE = 35°$，则 $\angle A$ 的度数为（　　　）。

（A）35°　　　（B）45°　　　（C）55°　　　（D）65°

本题多维细目表如表 2-10 所示。

表 2-10　案例 2.5 多维细目表

1	试题类型	选择题
2	试题分值	3 分
3	题干	略
4	题干的特征	基于平行线的性质和三角形内角和定理，求出相关的角的度数
5	选择支	略
6	选择支的预想	给出学生在求角度的过程中可能出现的错误情况
7	解答过程	由 $AB /\!/ CE$ 可得$\angle B = \angle BCE = 35°$； 在$\triangle ABC$ 中，由$\angle ACB = 90°$， 得$\angle A = 180° - \angle ACB - \angle B = 55°$，故选 C
8	解答思路	根据平行线的性质求出$\angle B$ 的度数，再由三角形内角和定理求出$\angle A$ 的度数
9	涉及知识要素	平行线的性质、三角形内角和定理
10	考查的核心内容	平行线的性质
11	考查的核心能力	推理能力
12	预估难度	0.92
13	预估区分度	低

试题评析

本题主要考查平行线的性质与三角形内角和定理。题目解法多样，但其本质是三角形内角和定理的证明思路。题目陈述清楚，言简意赅，合乎逻辑，学生读完题就能准确地进行作答。通过本题，教师能进一步地引导学生对定理进行学习，使学生不仅关注定理本身和定理的应用，还关注定理证明过程中所蕴含的思想与方法。

（二）选择题选项的编写原则

编制选择题时，在确定题干内容后，首先要编制正确选项，单选题正确选项的编制要考虑到答案的唯一性、科学性。在编制时，要遵循以下原则。

第一，每一个选择项的表述必须明确清楚，它与题干连接在一起，读起来应当顺畅，并且应当成为一个完整的语句，或者是一个完整的命题。

第二，单选题的正确选项只有一个，所以在编制选择题时，必须检查正确选项的唯一性，要注意四个备选项之间不能存在包含关系。如果备选项之间出现包含关系，就会与前提条件"只有一个选项正确"产生矛盾。

第三，选项要保证科学性。选择题的正确选项要符合题目立意，符合数学原理和生活实际，没有知识性、规范性方面的错误。

第四，在编制选择题的答案时，除了编制正确选项以外，还要编制错误选项，即干扰项。错误选项的编制恰当与否，直接影响整道题目的质量。由于选择题必须排除似是而非的干扰，选定正确的答案，所以在编制正确答案的同时，对其他备选答案需要从迷惑性的角度进行设计。几个选项之间，通常应当具有同类性（类型相同）、相近性（形式相近）和匀称性（选项长度彼此相称，防止差距过大）。正确的选项多一点隐蔽的色彩，而错误的选项多一些迷惑的因素，要针对学生的弱点和可能失误的情形设置起干扰作用的选项。关于错误选项的设计，除了上述要求外，一般还要考虑其他要求，比如，错误选项的迷惑性程度要与题目的难度系数匹配；错误选项的内容可以反映平时学生经常出现的一些错误，不能超越课程标准规定的范围等。

【案例 2.6】

试题

在四边形 $ABCD$ 中，若对角线 AC 与 BD 互相垂直平分，则四边形 $ABCD$ 一定是（　　　）。

（A）平行四边形 　　　　　（B）矩形

（C）菱形 （D）正方形

本题多维细目表如表 2-11 所示。

表 2-11 案例 2.6 多维细目表

1	试题类型	选择题
2	试题分值	3 分
3	题干	略
4	题干的特征	基于四边形对角线的特征，判断四边形的形状
5	选择支	略
6	选择支的预想	给出在这一章中学习的四种特殊的四边形，考查学生对特殊四边形的判定定理的理解
7	解答过程	由对角线 AC 与 BD 互相平分，得四边形 $ABCD$ 是平行四边形；再由 AC 与 BD 互相垂直得平行四边形 $ABCD$ 是菱形，故选 C
8	解答思路	根据四边形对角线的特征去判断四边形的形状
9	涉及知识要素	平行四边形、矩形、菱形、正方形的判定定理
10	考查的核心内容	菱形的判定定理
11	考查的核心能力	推理能力
12	预估难度	0.90
13	预估区分度	低

试题评析

本题主要考查特殊平行四边形的判定。根据题干中的条件，选项 C 是正确的，而菱形属于平行四边形，即选项 A 包含了选项 C，所以选项 A 也是正确的，这就违反了唯一性的要求。

【案例 2.7】

试题

下列计算正确的是（　　）。

（A）$m^3 \cdot m^2 \cdot m = m^5$　　　（B）$(m^4)^3 = m^7$

（C）$(-2m)^2 = 4m^2$　　　（D）$m^0 = 0$（$m \neq 0$）

本题多维细目表如表 2-12 所示。

表 2-12　案例 2.7 多维细目表

1	试题类型	选择题
2	试题分值	3 分
3	题干	略
4	题干的特征	判断计算是否正确
5	选择支	略
6	选择支的预想	根据学生在学习整数指数幂的性质时常出现的错误情况来设计选项，学生容易算错，从而误选
7	解答过程	选项 A，根据同底数幂的乘法的性质，得 $m^3 \cdot m^2 \cdot m = m^{3+2+1} = m^6$； 选项 B，根据幂的乘法的性质，得 $(m^4)^3 = m^{4 \times 3} = m^{12}$； 选项 C，根据积的乘方的性质，得 $(-2m)^2 = (-2)^2 \cdot m^2 = 4m^2$； 选项 D，根据零指数幂的意义，得 $m^0 = 1 (m \neq 0)$， 故选 C
8	解答思路	根据整数指数幂的性质进行计算
9	涉及知识要素	整数指数幂的意义和性质
10	考查的核心内容	利用整数指数幂的性质进行简单计算
11	考查的核心能力	运算能力
12	预估难度	0.95
13	预估区分度	低

试题评析

在编制本题的错误选项时，命题者是根据学生在学习整数指数幂的性质时常见的错误情况来设计选项的。选项 A，在进行同底数幂相乘时，忽略了指数为 1 的情况；选项 B，幂的乘方是底数不变，指数相乘，学生在学习时经常将其与同底数幂的乘法混淆；选项 D，学生对零指数幂理解不清。总的来说，本题在设计选项时考虑到了学生的弱点和可能失误的情形，能起到考查学生对整数指数幂的性质是否理解的作用。

三、数学学科考试客观题的编制过程

(一) 客观题的编制过程

选择题的编制过程以核心素养和课程标准为引领，以具体的知识为载体进行题干的编制以及选项的设置，通常包括以下步骤。

1. 明确题目的立意

理解课程标准，明确课程内容的四个部分，各部分课程内容的具体要求以及课程标准中所要求的核心素养的主要表现；明确具体知识所能承载的核心素养落实，是决定题目价值的根本因素和关键所在。题目的立意主要表现为三种形式，即知识立意、能力立意、素养立意。

2. 确定题目的难度

题目的难度是编制过程中的一个重要控制指标。命题者编制题目时，应以题目的预定难度为参照。

3. 寻找编制题目的素材

素材是编制题目的基础。根据核心素养指向和课程标准要求，从具体的考查内容出发，设计好题目背景，命题者才能编制合适的题目题干，设置四个选项。

4. 实施具体编制过程

对素材进行分析，提炼，编制题目；反复通读题目及选项，按照客观题编制原则，确保题目的科学性和准确性。

如何去编制一道合理的、有效的数学选择题，还需要进一步具体分析。下面我们以实际例子说明如何编制一道数学选择题。

【案例 2.8】

试题

负责执行中国首次火星探测任务的天问一号探测器在 2021 年 2 月 10 日成功被火星捕获，成为中国第一颗人造火星卫星，并在距离火星约 11 000km 处拍摄了火星全景图像。将 11 000 用科学记数法表示应为（　　　）。

（A）11×10^3　　　（B）1.1×10^5　　　（C）1.1×10^4　　　（D）0.11×10^5

下面介绍以上题目编制的过程和方法。

第一，明确题目的立意。

《课程标准（2022 年版）》对"科学记数法"的要求描述是：了解整数指数幂的意义和基本性质，会用科学记数法表示数。"会"是课程标准中描述结果目标的行为动词之一，基本含义是：描述对象的特征和由来，阐述此对象与相关对象之间的区别和联系。

无论从中国学生发展核心素养中的理性思维角度，还是从《课程标准（2022 年版）》中提到的数感这一核心素养出发，用科学记数法表示数都是重要的知识载体。因此该题的命制立足于知识立意，着重考查对"科学记数法"这一知识点的掌握情况，强调能力立意，突出数感，体现素养立意，发展理性思维。

第二，确定题目的难度。

在前文中提到，题目难度是编制过程中的一个重要控制指标。本题的目的主要是检测学生对所学知识的理解，根据经验，这样的题型通常被安排在整套试卷选择题的前半部分中，因此，在编制本题时命题者就应考虑到，题目难度应为"易"，起到检测学生的知识掌握程度即可。

第三，寻找编制题目的素材。

素材是编制题目的基础，不同类型、不同位置的题目需要不同的素材。在编制考查科学记数法的题目时，基于知识的特点，命题者可以选择与时俱进，体现时代精神的素材，比如，位于贵州省的被誉为"中国天眼"的世界上最大的单口径球面射电望远镜 FAST，中国第一颗人造火星卫星，嫦娥五号的成功发射，5G 技术等都是非常合适的素材。选择相关素材，既为知识的考查提供了载体，又凸显了科技兴则民族兴，科技强则国家强的价值引领。

第四，实施具体编制过程。

首先，题干的命制过程分析。编制考查科学记数法的题目，核心是在素材中寻找到能用科学记数法表示的数，所以命题者需对所选素材进行研读、选择。

命题者从中国第一颗人造火星卫星的相关素材提炼出信息，挖掘出可用科学记数法表示的数，将信息进行精心筛选得到题干表述，提出数学问题，完成题干的编写。

其次，命题者要进行备选项的设计。备选项的设计如同题干一样重要，也影响着题目本身的价值。下面我们将具体分析备选项设计的过程。

在人教版初中数学教材中提到，把一个大于 10 的数表示成 $a \times 10^n$ 的形式（其中 $1 \leqslant a < 10$，n 是正整数），使用的是科学记数法。

科学记数法是数学中的规定性概念。从教材的描述中，我们不难发现，科学记数法的概念规定了在表示一个数时，a 的取值范围是 $1 \leqslant a <$

10，在规定了 a 的取值范围之后，我们能够进一步发现 n 与所表示的数存在的关系。

学生在解决这一类问题时，可能犯的错误有以下两种：

（1）a 的确定出现错误，不在规定的取值范围内；

（2）a 的确定正确，n 的确定出现错误。

于是，正确的答案和常见的错误类型导致的错误答案就构成了本题的四个备选项。把四个备选项分配在四个不同的答案位置，我们就得到了完整的题目，即案例 2.8。

该题目的多维细目表如表 2-13 所示。

表 2-13　案例 2.8 多维细目表

1	试题类型	选择题
2	试题分值	3 分
3	题干	略
4	题干的特征	具有实际背景，蕴含用科学记数法表示的数
5	选择支	略
6	选择支的预想	给出用科学记数法表示数时常见的错误类型作为备选项
7	解答过程	明确科学记数法是把一个大于 10 的数表示成 $a \times 10^n$ 的形式（其中 $1 \leqslant a < 10$，n 是正整数）；根据 a 的范围，确定 11 000 可表示为 1.1×10^4，故选 C
8	解答思路	根据科学记数法的定义即可得出答案
9	涉及知识要素	幂、科学记数法
10	考查的核心内容	科学记数法
11	考查的核心能力	数感、符号意识
12	预估难度	0.99
13	预估区分度	低

在编制题目时，以相同的知识为载体，在不同核心素养要点的引领下，命题者也可以对应不同学业水平要求进行题目命制。

例如，《课程标准（2022 年版）》对有理数的其中一条描述是：理解有理数的意义，能用数轴上的点表示有理数，能比较有理数的大小。以下是以数轴为载体考查有理数的四个题目的命制案例。

【案例 2. 9】

试题

实数 a，b，c，d 在数轴上的对应点的位置如图 2-4 所示，这四个数中，绝对值最大的是（　　　）。

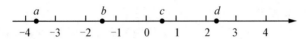

图 2-4　案例 2.9 图

（A）a　　　　　（B）b　　　　　（C）c　　　　　（D）d

参考答案

A。

【案例 2. 10】

试题

实数 a，b，c 在数轴上的对应点的位置如图 2-5 所示，则正确的结论是（　　　）。

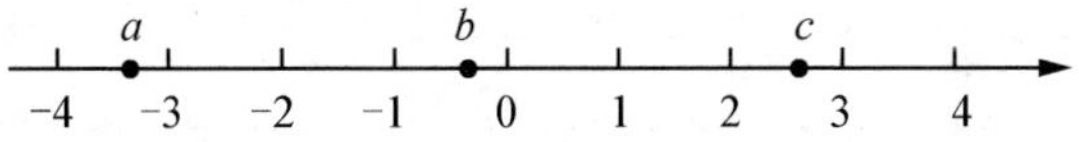

图 2-5　案例 2.10 图

（A）$|a|>4$　　　（B）$c-b>0$　　　（C）$ac>0$　　　（D）$a+c>0$

参考答案

B。

【案例 2. 11】

试题

实数 a 在数轴上的对应点的位置如图 2-6 所示。若实数 b 满足 $-a<b<a$，则 b 的值可以是（　　　）。

图 2-6　案例 2.11 图

（A）2　　　　　（B）-1　　　　　（C）-2　　　　　（D）-3

参考答案

B。

【案例 2. 12】

试题

在数轴上，点 A，B 在原点 O 的两侧，分别表示数 a 和 2。将点 A 向右平移 1 个单位长度，得到点 C。若 $CO=BO$，则 a 的值为（　　）。

（A）-3　　　　（B）-2　　　　（C）-1　　　　（D）1

参考答案

A。

试题评析（案例 2.9～案例 2.12）

以上四个题目的命制突出了学科知识的载体作用，体现了对核心素养的考查。案例 2.9 是对数轴上的点表示有理数的直观考查，难度较低，属"合格"水平考查；案例 2.10 和案例 2.11 是在明确数轴上的点所表示的有理数的基础之上，对有理数之间的运算结果进行判断，难度中等，属"良好"水平考查；案例 2.12 综合考查了点的平移、线段之间的关系以及数轴上的点表示数，要求能用数轴解决简单问题，难度偏高，属"优秀"水平考查。

（二）编制题目的素材来源

编制题目是教师基本功和专业素养的重要体现，编制高质量的题目是促进有效教学的保障，是学生理解知识本质，提高学习能力的保障。编制题目建立在理解数学、理解教材、理解教学的基础之上，教师在日常教学中，可以通过多种方式进行编题实践。

1. 基于教材习题进行题目编制

现行教材在体例上安排了章引言、章复习、正文、习题等很多栏目，这些栏目以问题、填空等形式引导学生通过观察、分析、猜想、推理等活动获取数学知识，积累学习经验。以习题栏目为例，有的习题可以帮学生巩固所学内容，有的习题是相关内容的延伸及拓展。教师在编制题目时可以基于教材中呈现的学习过程或习题做适当的改编或创编。

【案例 2.13】

试题

若 $a=\sqrt{8}$，把实数 a 在数轴上对应的点的位置表示出来，可能正确的是（　　）。

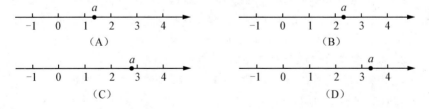

参考答案

C。

试题评析

这一案例是根据人教版数学教材 2012 年版七年级下册第六章第 6.3 节实数的练习部分的第 1 题改编而来的。原题是一道主观题，要求将数轴上标有字母的点与实数对应起来，目的是考查学生在数轴上找到表示实数的点的能力。教师可以将这一习题改编为选择题的形式，对相关知识点进行考查。因此，在案例 2.13 中，题干给出 $a = \sqrt{8}$，以数轴为载体，再给出四种不同的点的位置作为选项。学生想正确解答该问题，需要会用有理数估计无理数的大小。

【案例 2.14】

试题

下列曲线中，表示 y 是 x 的函数的是（　　　　）。

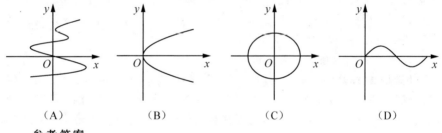

（A）　　　　　　　（B）　　　　　　　（C）　　　　　　　（D）

参考答案

D。

试题评析

这一案例是根据人教版数学教材 2013 年版八年级下册第十九章第 19.1 节习题 19.1 的第 7 题改编而来的。原题给出 4 个曲线，要求判断哪些表示 y 是 x 的函数，考查的是学生对函数概念的理解，判断的标准是当 $x = a$ 时，y 至多有唯一的对应值。案例 2.14 以选择题的形式对函数这一核心概念进行考查，设置了 3 个干扰项，均不满足当 $x = a$ 时，y 至多有唯一的对应值，要求学生理解函数的概念，明确判断标准，做出正确选择。

2. 基于学习过程进行题目编制

数学教育的目标之一在于使学生能获取适应社会生活和进一步发展所必需的数学的基础知识、基本技能、基本思想、基本活动经验。基本思想和基本活动经验蕴含在学习过程之中。在编制题目时，命题者除了要考查基础知识和基本技能之外，更要对学习过程中所体会的基本思想有所涉及，将其融入命题中。

【案例 2.15】

试题

用配方法解方程 $3x^2-6x+2=0$，将方程变为 $(x-m)^2=\dfrac{1}{3}$ 的形式，则 m 的值为（　　）。

（A）9　　　　　　（B）-9　　　　（C）1　　　　　　（D）-1

参考答案

C。

试题评析

配方法是解一元二次方程的基本方法，也是讨论二次函数必备的知识基础。配方法是一种重要的变形工具。在学习配方法的过程中，学生应知道配方的目标形式，理解为了化成目标形式需要的步骤以及每一个步骤的目的和依据，最重要的是认识到配方到底"配什么"。基于配方法学习过程，案例 2.15 给出了一个二次项系数不是 1 的一元二次方程以及配方后的形式，问题的设置是求 m 的值，即指向配方的核心问题——配方到底"配什么"。

【案例 2.16】

试题

已知等边三角形 ABC。如图 2-7 所示，

（1）分别以点 A，B 为圆心，大于 $\dfrac{1}{2}AB$ 的长为半径作弧，两弧相交于 M，N 两点；

（2）作直线 MN 交 AB 于点 D；

（3）分别以点 A，C 为圆心，大于 $\dfrac{1}{2}AC$ 的长为半径作弧，两弧相交于 L，H 两点；

（4）作直线 LH 交 AC 于点 E；

（5）直线 MN 与直线 LH 相交于点 O；

（6）连接 OA，OB，OC。

根据以上作图过程及所作图形，下列结论：①$OB=2OE$；②$AB=2OA$；③$OA=OB=OC$；④$\angle DOE=120°$，正确的是（　　）。

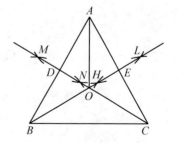

图 2-7　案例 2.16 图

（A）①②③④　　（B）①③④　　（C）①②③　　（D）③④

参考答案

B。

试题评析

这个案例从课堂教学的角度呈现了尺规作图的过程。基于平时的学习经验，根据作图过程描述或作图痕迹，学生应明确直线 MN 与直线 LH 分别是 AB，AC 的垂直平分线，再根据垂直平分线的性质，结合等边三角形的性质，对题中给出结论做出判断。题目的难度属于中档，题目的设置是对学生学习尺规作图过程中应具备的推理能力的较高层次的考查。

3. 题干与备选项的设置

在编制题目时，命题者需要根据试卷的命制蓝图对具体题目进行编制。

如果命题者需要编制容易水平的题目，则可以考虑对单一考点进行考查，具体见案例2.17。

【案例2.17】

试题

4 的平方根是（　　）。

（A）±16　　　　（B）$\pm\sqrt{2}$　　　　（C）±2　　　　（D）$\sqrt{2}$

参考答案

C。

试题评析

这个案例是对平方根这一知识点的考查。学生只需根据平方根的概念，求出 4 的平方根，即可得出正确答案。本题属于单一考点、容易水平的题目。

【案例2.18】

试题

如图 2-8，已知下列条件：①$\angle AEC=\angle C$，②$\angle C=\angle BFD$，③$\angle BEC+\angle C=180°$，其中能判断 $AB\parallel CD$ 的是（　　）。

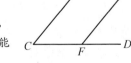

图 2-8　案例 2.18 图

（A）①②③　　　　（B）①③

（C）②③　　　　　（D）①

参考答案

B。

试题评析

案例 2.18 考查的是平行线的判定定理。题干中给出了 3 个条件，解答这一题目，学生需要掌握平行线的判定定理，并根据它对满足的条件做出正确判断，才能选出正确选项。题目的考查涉及了图形中的多个角和平行线的 3 个判定定理，属于中等水平的考查。

四、基于核心素养评价的数学学科考试客观题

学生的发展是评价的核心，《课程标准（2022 年版）》强调数学素养是现代社会每一个公民应当具备的基本素养。从评价的角度出发，题目通过对核心素养的考查，一方面让学生在学习中由被动接受到主动获取，另一方面要求教师在教学中改变教学手段，让学生从学会到会学，真正实现自我发展，立足于社会。

（一）指向抽象能力核心素养的客观题

数学抽象是数学的基本思想之一，是理性思维的重要形式。数学抽象主要表现为：获得数学概念和规则，提出数学命题和模型，形成数学方法与思想，认识数学结构与体系。

【案例 2.19】

试题

图 2-9 是老北京城一些地点的分布示意图。在图 2-9 中，分别以正东、正北方向为 x 轴、y 轴的正方向建立平面直角坐标系，有如下四个结论。

①当表示天安门的点的坐标为（0，0），表示广安门的点的坐标为（-6，-3）时，表示左安门的点的坐标为（5，-6）；

②当表示天安门的点的坐标为（0，0），表示广安门的点的坐标为（-12，-6）时，表示左安门的点的坐标为（10，-12）；

③当表示天安门的点的坐标为（1，1），表示广安门的点的坐标为（-11，-5）时，表示左安门的点的坐标为（11，-11）；

④当表示天安门的点的坐标为（1.5，1.5），表示广安门的点的坐标为（-16.5，-7.5）时，表示左安门的点的坐标为（16.5，-16.5）。

上述结论中，所有正确结论的序号是（　　　）。

（A）①②③　　　　　　　　　　（B）②③④

（C）①④　　　　　　　　　　　（D）①②③④

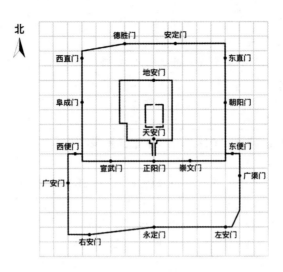

图 2-9   案例 2.19 图

参考答案

D。

试题评析

本题以老北京城一些地点为问题背景,要求学生从这一具体情境中抽象出一般规律,以平面直角坐标系为载体,考查表示不同地点的点的坐标。这是一道指向数学抽象素养的题目。

题干中四个结论的设计考虑到了选取不同点作为坐标原点以及选取不同的单位长度,其中,①②都是以表示天安门的点为原点,通过已知的表示广安门的点的坐标,确定单位长度,进一步确定表示左安门的点的坐标;③④则给出了表示天安门的点和表示广安门的点的坐标,以此确定坐标原点的位置和单位长度,进一步确定表示左安门的点的坐标。

(二)指向推理能力核心素养的客观题

逻辑推理在形成人类的理性思维方面起着核心作用,是数学学科的特色,贯穿于数学学习和应用的始终。推理能力核心素养的水平以归纳、类比和演绎的推理形式体现出来,通过对推理基本形式和规则的掌握程度,可以判断学生学习水平的情况。

【案例 2.20】

试题

如图 2-10,直线 l_1,l_2,l_3 交于一点,直线 $l_4 /\!/ l_1$,若 $\angle 1 = 124°$,$\angle 2 =$

88°，则∠3 的度数为（　　）。

（A）26°　　　　　（B）36°

（C）46°　　　　　（D）56°

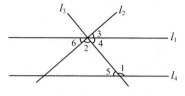

参考答案

B。

试题评析

图 2-10 案例 2.20 图

本题是指向推理能力核心素养的一道题目。

本题的考查内容是《课程标准（2022 年版）》图形与几何领域中的相交线与平行线相关知识，要求学生能根据平行线的性质定理和对顶角定理对图形中的角进行分析，从而由已知角求出未知角。

题中已知两条平行线 $l_4 // l_1$，以及 l_4 与 l_1 被直线 l_3 所截形成的一个角∠1 的度数，学生在解答本题时，可能根据平行线的性质定理，两直线平行，同旁内角互补，求出∠4＝56°，再根据补角的定义，求出∠3 的度数为36°；也可能根据平行线的性质定理，两直线平行，内错角相等，求出∠5＝124°，再结合∠2＝88°，求出∠6＝36°，再根据对顶角相等，求出∠3＝36°。

从分析过程可以发现，题目注重对基础知识和基本技能的考查，题目解法多样，但其本质是考查平行线和相交线的相关性质。本题目给学生提供了多种分析问题的角度，关注对推理能力的考查，凸显理性思维。

【案例 2.21】

试题

如图 2-11，公路 AC，BC 相互垂直，公路 AB 的中点 M 与点 C 被湖隔开，若测得 AM 的长为1.2 km，则 M，C 两点间的距离为（　　）。

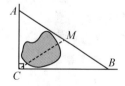

（A）0.5 km　　（B）0.6 km

（C）0.9 km　　（D）1.2 km

图 2-11 案例 2.21 图

参考答案

D。

试题评析

本题是指向推理能力核心素养的一道题目，涉及的知识是《课程标准（2022 年版）》图形与几何领域中的三角形相关知识。

题目的背景具有一定的现实意义，已知两条互相垂直的公路 AC，BC，第三条公路 AB 的中点 M 与点 C 被湖隔开，M，C 两点间的距离不可直接测得，需要借助 MC 与其他线段的关系求得。

直角三角形是一种特殊的三角形，除了一般三角形的性质之外，还具有其特殊的性质。如图 2-11，线段 MC 是连接直角三角形直角顶点 C 与斜边中点 M 所形成的线段，根据直角三角形的斜边中线等于斜边一半这一性质，可知 $MC = \dfrac{1}{2}AB = AM = 1.2 \ \text{km}$。

本题注重将现实情境与数学知识相结合，考查学生从数学的角度看待问题，将其转化为数学问题解决，是考查学生推理能力很好的载体。

【案例 2.22】

试题

已知锐角 $\angle AOB$，如图 2-12，

（1）在射线 OA 上取一点 C，以点 O 为圆心，OC 长为半径作 $\overset{\frown}{PQ}$，交射线 OB 于点 D，连接 CD；

（2）分别以点 C，D 为圆心，CD 长为半径作弧，交 $\overset{\frown}{PQ}$ 于点 M，N；

（3）连接 OM，MN。

根据以上作图过程及所作图形，下列结论中错误的是（　　）。

（A）$\angle COM = \angle COD$

（B）若 $OM = MN$，则 $\angle AOB = 20°$

（C）$MN /\!/ CD$

（D）$MN = 3CD$

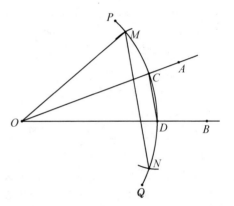

图 2-12　案例 2.22 图

参考答案

D。

试题评析

本题的题干描述了尺规作图的过程，以尺规作图形成的图形为背景，但考查的落脚点不在尺规作图的操作层面，而是要求学生在依据作法准确作图的基础上，利用已掌握的数学原理进行推理。

解决本题时，学生首先需根据作法，得到准确的图形，这是解决本题的基础。此外，在解决本题时，也可根据图形的特征做出直观猜想，或通过度量等方式对选项进行验证。

综上，本题具有一定的综合性，将尺规作图与几何推理相结合，对学生的推理能力要求较高，很好地考查了学生的逻辑推理素养。

（三）指向模型观念核心素养的客观题

模型观念的内涵非常丰富，它与其他数学学科核心素养直接关联。它不仅涉及数学知识应用的问题，而且蕴含着方法、思想、价值判断与选择，乃至数学的精神与态度。模型观念对中国学生发展核心素养体系中的若干素养，比如创新精神、科学精神、问题解决，都有着直接的支撑作用。

【案例 2. 23】

试题

有一个装有水的容器，如图 2-13 所示。容器内的水面高度是 10 cm，现向容器内注水，同时开始计时。在注水过程中，水面高度以每秒 0.2 cm 的速度匀速增加，则容器注满水之前，容器内的水面高度与对应的注水时间满足的函数关系是（　　　）。

（A）正比例函数关系

（B）一次函数关系

（C）二次函数关系

（D）反比例函数关系

图 2-13　案例 2. 23 图

参考答案

B。

试题评析

在现实生活中，很多客观事物必须从运动变化的角度进行数量化研究，许多问题中的各种变量是相互联系的，变量之间存在对应关系，刻画这种关系的数学模型就是函数。

本题以"容器注水"为背景，考查了研究运动与变化的数学模型，它来源于实际，又服务于实际，紧密联系实际。

本题体现了对函数本质的考查。在解决本题的过程中，学生需从实际问题中抽象出函数的有关概念，又运用函数解决实际问题，这是函数学习的主线，贯穿于整个函数学习过程中。

（四）指向运算能力核心素养的客观题

数学运算是解决数学问题的基本手段，在航空、航天、材料、气象、人工智能等领域都需要数学运算解决相关问题，尤其是处理大数据过程中，离开数学运算寸步难行。运算是数学最基本、最主要的研究对象，不仅运算本身是重要的，而且通过运算去研究和解决数学和其他问题，也是数学解决问题的基本方法。

数学运算核心素养主要表现为：理解运算对象，掌握运算法则，探究运算思路，求得运算结果。

【案例 2.24】

试题

方程组 $\begin{cases} x-y=3, \\ 3x-8y=14 \end{cases}$ 的解为（　　）。

（A）$\begin{cases} x=-1, \\ y=2 \end{cases}$ 　　（B）$\begin{cases} x=1, \\ y=-2 \end{cases}$ 　　（C）$\begin{cases} x=-2, \\ y=1 \end{cases}$ 　　（D）$\begin{cases} x=2, \\ y=-1 \end{cases}$

参考答案

D。

试题评析

本题注重对学生基础知识和基本技能的考查，考查内容是《课程标准（2022 年版）》数与代数领域中的二元一次方程相关知识，要求学生能使用代入消元法或加减消元法解方程。

【案例 2.25】

试题

如果 $a^2+2a-1=0$，那么代数式 $\left(a-\dfrac{4}{a}\right) \cdot \dfrac{a^2}{a-2}$ 的值是（　　）。

（A）-3 　　（B）-1 　　（C）1 　　（D）3

参考答案

C。

试题评析

题目以分式的混合运算为载体，考查学生的数学运算能力。在解答题目的过程中，学生要能理解运算对象，明确运算顺序，即先计算括号里的算式，再将其结果与括号外的式子相乘，从而求得正确的运算结果，再将已知等式 $a^2+2a-1=0$ 进行变形代入，即可求出代数式的值。

（五）指向几何直观核心素养的客观题

几何直观的培养贯穿于整个数学学习的过程中，与其他核心素养相互联系和融合。几何直观有助于学生养成善于运用图形和空间想象思考问题的习惯，促进学生对数形结合思想方法的掌握。

【案例 2.26】

试题

甲骨文是我国的一种古代文字，是汉字的早期形式。下列甲骨文中，不是轴对称的是（ ）。

（A） （B） （C） （D）

参考答案

D。

试题评析

本题考查的内容是《课程标准（2022 年版）》图形与几何领域中图形的变化的相关知识，要求学生认识并欣赏自然界和现实生活中的轴对称图形，通过具体实例理解轴对称的概念。本题以甲骨文为背景，将不同的甲骨文作为四个选项，要求学生根据轴对称的概念做出判断。

题目将学科理念与传统文化相融合，注重对基础知识的考查，考查学生的空间观念和应用意识，凸显理性思维。

【案例 2.27】

试题

图 2-14 是某个几何体的展开图，该几何体是（ ）。

（A）三棱柱 （B）圆锥

（C）四棱柱 （D）圆柱

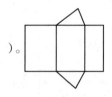

图 2-14 案例 2.27 图

参考答案

A。

试题评析

本题考查的内容是《课程标准（2022 年版）》图形与几何领域中的图形的变化相关知识。《课程标准（2022 年版）》中的要求是：了解直棱柱、圆锥的侧面展开图，能根据展开图想象和制作模型。

本题给出了一个几何体的展开图，根据组成展开图的图形形状学生可以判断它是三棱柱的展开图。本题属于容易水平，关注对学生空间观念的考查。

（六）指向数据观念核心素养的客观题

数据观念主要指对数据的意义和随机性有比较清晰的认识。形成数据观念有助于理解和表达生活中随机现象发生的规律，感知大数据时代数据分析的重要性，养成重证据、讲道理的科学态度。

【案例 2.28】

试题

为了节约水资源，某市准备按照居民家庭年用水量实行阶梯水价，水价分档递增。计划使第一档、第二档和第三档的水价分别覆盖全市居民家庭的 80%，15% 和 5%。为合理确定各档之间的界限，相关单位随机抽查了该市 5 万户居民家庭上一年的年用水量（单位：m^3），绘制了如图 2-15 所示的统计图。下面有四个推断：

①年用水量不超过 180 m^3 的该市居民家庭按第一档水价交费；

②年用水量不超过 240 m^3 的该市居民家庭按第三档水价交费；

③该市居民家庭年用水量的中位数在 150 m^3 ~ 180 m^3 之间；

④该市居民家庭年用水量的平均数不超过 180 m^3。

其中合理的是（　　）。

（A）①③　　　　（B）①④　　　　（C）②③　　　　（D）②④

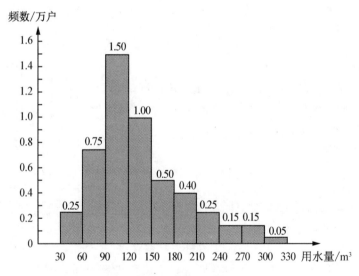

图 2-15　案例 2.28 图

参考答案

B。

试题评析

本题要求学生从频数分布直方图给出的大量数据中，提取有效的信息，结合分析数据的统计量（平均数、中位数）的统计意义，推断总体情况。题目设计的目的是让学生理解分析数据的统计量（平均数、中位数、众数、方差）的统计意义，如反映了数据哪些方面的特征，各自的特点是什么，如何利用它们获取更多的信息等，将统计的概念、方法和原理统一到数据处理的活动过程中，让学生更好地体会统计的思想，培养学生的数据分析观念。

【案例 2.29】

试题

图 2-16 显示了用计算机模拟随机投掷一枚图钉的某次实验的结果。

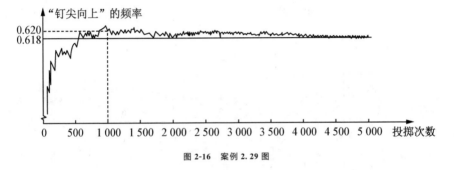

图 2-16 案例 2.29 图

下面有三个推断：

①当投掷次数是 500 时，计算机记录"钉尖向上"的次数是 308，所以"钉尖向上"的概率是 0.616；

②随着实验次数的增加，"钉尖向上"的频率总在 0.618 附近摆动，显示出一定的稳定性，可以估计"钉尖向上"的概率是 0.618；

③若再次用计算机模拟此实验，则当投掷次数为 1 000 时，"钉尖向上"的频率一定是 0.620。

其中合理的是（ ）。

（A）① （B）② （C）①② （D）①③

参考答案

C。

试题评析

随机现象表面上看无规律可循，出现哪一个结果都无法预料，但当我们进行大量重复实验时，实验的每一个结果都会呈现出频率的稳定性。本题的设置让学生体会实验结果的不确定性，感悟随机事件的不确定性。

通过本题的考查方式，在教学过程中，教师应引导学生经历实验的过程，收集实验数据，分析实验结果，将所得到的结果与自己的猜测进行比较，最后再进行理性分析，从而体会频率与概率之间的联系与区别。

本题的设计出发点是体会概率与频率的关系，重在发展学生的随机思想，而不仅仅是关注计算一些事件的概率。

【案例 2.30】

试题

图 2-17 反映了 2011—2016 年我国与"一带一路"沿线部分地区的贸易情况。

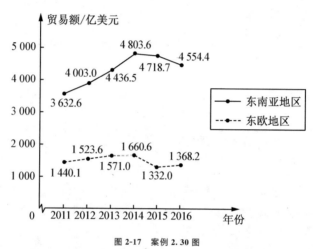

图 2-17　案例 2.30 图

根据统计图提供的信息，下列推断不合理的是（　　　）。

（A）与 2015 年相比，2016 年我国与东欧地区的贸易额有所增长

（B）2011—2016 年，我国与东南亚地区的贸易额逐年增长

（C）2011—2016 年，我国与东南亚地区的贸易额的平均值超过 4 200 亿美元

（D）2016 年我国与东南亚地区的贸易额比我国与东欧地区的贸易额的 3 倍还多

参考答案

B。

试题评析

本题是对学生数据观念的考查，题目以"一带一路"经济发展情况为载体，既让学生了解了我国综合国力，又体现了"一带一路"是我国经济

发展新的引擎。

　　统计图给出了 2011—2016 年我国与东南亚地区和东欧地区的贸易额折线图，在解答时，要求学生读懂每一条折线提供的信息，分别看出我国与东南亚地区和东欧地区的贸易额在 2011—2016 年的变化趋势；同时也要求学生结合两条折线的信息，看出每一年我国与东南亚地区和东欧地区的贸易额之间的关系，从而做出正确推断。

第三节　数学学科考试主观题的编制

一、数学学科考试主观题的界定

　　对于数学学科而言，过多的客观题，既无法考查学生的数学思维过程，也无法考查学生运用数学语言表述数学问题的准确程度。学生对概念内涵的认识程度，对数学基本结论的把握程度都很难从试题得分中反映出来。因此客观题不利于正确评估学生的实际数学能力，也不利于对教学过程是否合理给予正确指导。

　　新课程的理念要求培养学生的应用意识和解决问题的能力，鉴于此，命题者借助情境进行主观题的命题，探索把真实情境活动转换为数学问题，能够有效地使试题立意具体化，成为展示学生数学思想方法、核心素养发展水平的基本载体，所以主观题是当前数学学科评价的一种主要形式。

　　主观题能够在一定程度上评价学生对数学概念和理论的理解水平、数学知识掌握情况以及数学思想方法和综合应用能力。可以将参加考试的学生分为三级能力水平：（1）具有简单计算能力，能解决简单的问题；（2）具有一定的数学分析能力，能从提供的信息中找出解决简单问题的数量关系；（3）具备相应的数学思考能力、归纳能力和观察能力，并能分析、确定某个具体情境中的数学问题的结构组合，以及提出自己的疑问。

　　主观题具备以下几个特点：（1）强调知识内化和思维能力培养；（2）充分体现学生主体性；（3）能较为完整地体现学生思维过程；（4）有利于学生着眼于现实，锻炼解决问题的能力。知识是思维形成的前提和基础，主体性有利于思维灵活发挥，而思维方式的对与错、思维空间的宽与窄必须在整个思维过程中被加以评判，只有在思维方式对、思维空间宽的情况下我们才能真正地切中问题实质，以不同角度、超越前人的思维解决不断出现的新老问题。主观题参与了思维从形成到成熟再到创新的整个过程，以知识内化为思维形成之基础，以佐证和评价思维过程为思维成熟之方法，更以发挥主体作用为思维创造之导引。总而言之，主观题能多方位考查学生的各种思维能力，尤其能考查学生的发散思维能力和创新思维能力。

主观题的设计关注学生的个性化发展，尤其是条件或结论开放的主观题，为学生的能力留有可发挥的空间。开放题的一大优点是能够引发学生的主动探索。学生在探索中的猜想、合情推理，演化为演绎推理、逻辑证明，这一过程是对学生创新精神和严谨求学精神的培养。开放题通过增加数学问题中的某些要素的不确定性（条件开放，结论开放，或设计思想开放），考核学生的发散思维能力和水平，区别学生的认知层次和对数学的领悟程度，因此是试题中内涵丰富，涉及科学知识面较广泛，且分值区分度明显的一类题目。随着这类题目的增加，中学数学教育已摆脱以往只注重聚合性思维能力培养的保守局面，越来越重视人才的全面发展和个性化发展。

《课程标准（2022 年版）》认为，有价值的数学学习应是以学习者的主体作用为基础，以动手实践、自主探究与合作交流为数学学习的重要方式。《课程标准（2022 年版）》强调数学认知活动中新知与旧知的联系；强调知识与技能的应用、迁移；强调数学学习的探究过程与体验；强调教与学的互动过程中学习者情感、态度与价值观的形成与发展等指标的重要影响等。与此同时，采用人本与发展的模式来理解数学教育与人类发展的关系，是当前数学课程理念的核心。人本与发展的模式即尊重个体和个体差异，因材施教，使数学教育面向全体学生，实现人人学有价值的数学，人人都能获得必需的数学；不同的人在数学上得到不同的发展，从而为个体的终身学习打下基础。因此，相对应地，便形成了新的学生数学学习评价的基本理念：评价的主要目的是全面了解学生的数学学习历程，激励学生的学习和改进教师的教学；应建立评价目标多元、评价方法多样的评价体系。

主观题可以有效地将关注学生的学习结果转变为关注学生学习的过程、关注学生数学学习的水平、关注学生在数学活动中所表现出来的情感、态度与价值观。

从评价的角度而言，主观题也可以用来辅助教师的教育教学工作，为教师的教学提供准确的信息和强有力的指导，更好地使教师了解学生的学习历程，反馈教学效果，以帮助教师反思并进一步改进教学，从而不仅仅是检查更是有效促进学生的表现，最终目的是为学生的学习服务，促进学生的发展。

二、数学学科考试主观题的类型及示例分析

主观题包括填空题、解答题，其中解答题包括计算题、证明题、应用题、作图题，现在考试中的新题型中，还有探究题、动手操作题、阅读理解题等，其基本情况是：给出一定的题设（即已知条件），然后提出一定的要求（即要达到的目标），让学生解答。学生解答时，应把已知条件作为出发点，运用有关的数学知识和方法，进行推理、演绎或计算，最后达到所要求的目标，同时要将整个解答过程的主要步骤和经过，有条理、合逻辑、完整地陈述清楚。

（一）填空题

填空题是根据已经确定的知识与应用技能考查目标，将某些知识性元素隐去并指示学生根据对题干的理解而将其补充完整的命题形式，是一种对答案具备充分制约性的主观试题。填空题可以大致被划分为填文题、填表题以及填图题三个基本类型，缘于数学学科本身在思维属性和逻辑结构层次的独有特征，数学学科体系内部的填空题命制工作相较其他学科具备一定的独特性。

1. 填空题的特点

填空题和选择题有许多共同特点：其形态短小精悍，考查目标集中，答案简短、明确、具体，不必填写解答过程，评分客观、公正、准确等，但填空题的特点也不是与选择题完全相同，具体如下。

第一，填空题没有选项供学生选择。选择题的选项虽然有干扰作用，但同时也有启发和提示的功能，可以进行自我纠错，实在不行，还可以猜一个。因此，填空题对学生独立思考和求解的能力要求会高一些。

第二，填空题的结构，往往是在一个正确的命题或断言中，抽去其中的一些内容（既可以是条件，也可以是结论），留下空位，让学生填写。由于填空之处可能引起语法混乱，所以在阅读理解上，较之选择题，填空题会更费力，设计不好时甚至会产生歧义。

第三，填空题和选择题一样要求直接填写结果，它不同于解答题那样

可以得到过程分，这为学生通过图象法和特殊值法等解题提供了可能。

2. 填空题的考查功能

首先，填空题的考查功能大体上与选择题相当。填空题与选择题相比，少了一个正确答案的备选信息，所以应答速度一般较选择题慢，因此题量应比选择题的数量少。从这一点看，填空题的考查功能要弱于选择题。不过，在考查的深入程度方面，填空题要优于选择题。但与解答题相比，其考查的深度还是较浅。就计算和推理来说，填空题只能控制在低层次上。

其次，填空题可有效地考查学生的阅读能力、观察能力和分析能力。填空题既能促进学生推理能力、计算能力的提高，又能培养学生认真、严谨的学风。学生解决填空题时应注意"小题不能大做"，因此解题的基本策略往往是"巧做"，如通过直接求解法、图象法、特殊化等方法解决问题。

最后，填空题的考点相对较少，考查目标应集中，否则，试题的区分度会较差，其考试信度和效度都难以保证。这是因为填空题如果涉及考点多，解答过程长，影响结论的因素多，答错的学生便难以知道出错的真正原因。不同学生的水平存在很人差异，有的学生可能是一窍不通，入手就错了；有的学生可能只是到了最后一步才出错，但他们在同一道题上会得到相同的成绩。

【案例 2.31】

试题

写出一个比 $\sqrt{2}$ 大且比 $\sqrt{15}$ 小的整数，这个整数可以是＿＿＿＿＿。

参考答案

2（或 3）。

试题评析

本题是一道填空题。从试题特点上来看，本题形态短小精悍，考查目标集中，主要考查了实数的大小比较，也考查了无理数的估算的知识。本题在设计空白位置时，考虑到学生的理解能力，不会使其产生读不懂题意的情况。学生只需经过简单的估算，即可完成解答，不必填写解答过程，答案简短、明确、具体，评分客观、公正、准确。同时，本题在设计上又是一道结论开放的试题，分别求出 $\sqrt{2}$ 与 $\sqrt{15}$ 在哪两个相邻的整数之间是解答此题的关键。

【案例 2.32】

试题

小华和小明周末到北京三山五园绿道骑行。他们按设计好的同一条线路同时出发，小华每小时骑行 18 km，小明每小时骑行 12 km，小明完成全部行程所用的时间比小华多半小时。设他们这次骑行线路长为 x km，依题意，可列方程为_____。

参考答案

$\dfrac{x}{12} - \dfrac{x}{18} = \dfrac{1}{2}$。

试题评析

本题是一道一元一次方程的实际应用问题，情境的设计比较贴近学生的生活，指向的是对学生方程思想以及模型观念的考查。

本题中，数形结合思想、转化思想等都是解题的关键点，数学思想是数学方法的灵魂，是解决问题的理论基础。注重对数学思想与方法的总结，让学生学会将其应用于问题解决中，学会分析问题，是提升学生解决问题能力的有效途径，也是提升学生核心素养的关键点。本题在考查数学思想的同时，也考查了模型观念。在探索不同类别的方程解决问题时，学生要能够根据不同的情境建构不同的数学模型，将现实的生活问题转化为方程问题，进而完成解答，在这一过程中，既有具体的方法或步骤，也能够从一类问题的解法去思考或从思想观点上去把握，形成不同方程解题的策略，进而深化为数学思想，形成数学基本能力。

（二）解答题

解答题包括计算题、证明题、应用题、作图题，还包括现在考试中的新题型，如探究题、动手操作题、阅读理解题等。它主要考查学生对定理、公式的理解、掌握情况。随着新课程教学趋势的影响，数学命题逐渐降低了客观题型的难度，重点考查学生的计算能力和解答技巧；主观性题目更倾向于发展学生的思维能力和观察想象力，尽管运算量不大，却需要融会贯通、综合运用的能力，从而确保学生有充足的精力去解答整套试卷。

1. 解答题的特点

从解答题自身来看，解答题的主要优点如下。

（1）能考查组织材料的能力、综合能力和文字表达能力，甚至考查评价能力和创造能力。

（2）较易编写，题目无须太多。

（3）不需准备供备选的答案，答案是由学生自己算出的。

（4）可以避免学生随机猜测答案的可能。

（5）数学这一学科有精确的特点，评分受评分者主观影响较其他科目小。

解答题的主要问题如下。

（1）考查的知识点取样不均匀。

（2）受解答题的综合性影响，评分者需要结合具体步骤、数学分析过程及得数等一系列因素综合评分，因此解答题的评分不易标准化。

（3）学生卷面形象可能会影响其成绩。

从解答题与填空题的比较来看，第一，解答题应答时，学生不仅要提供最后的结论，还要写出解答过程的合理步骤。

第二，解答题涵盖的知识面较填空题要丰富得多。

第三，解答题的成绩需根据结论及推演论证过程多层次、分情况评定，因而解答题命题的自由度和填空题相比灵活得多。

2. 解答题的考查功能

解答题的考查功能主要体现在：其一，解答题考查学生完整的解题过程，包括详细的解题步骤和正确的结论，以及通过规范的数学计算得出的正确答案；其二，解答题考查的考点内容多且综合性较强，需要学生运用所学知识融会贯通，才能根据不同考点解出正确答案；其三，解答的文字是思维过程的外在表现，解答题直接考查了学生的语言表达能力和逻辑思维能力。

3. 影响解答题难度的因素

第一，提问方式直接影响着解答题的难度。例如，把证明题改为探索题一般能提高难度；增加题目中间设问，把单问变成分步设问一般能降低难度；同时提问方式的形式多样、新颖程度也对题目难度有一定的影响。第二，题设、结论的呈现方式对解答题的难度同样有重要的影响。例如，适当增减条件，变隐含条件为显性条件，改间接条件为直接条件，强化或弱化结论等，都可以使题目的难度发生变化。第三，题目的综合程度，也就是题目涉及的具体知识点、数学思想、数学方法的多少也影响题目的难度。

【案例 2.33】

试题

下面是小彬同学进行分式化简的过程，请认真阅读并完成相应任务。

$$\frac{x^2-9}{x^2+6x+9}-\frac{2x+1}{2x+6}$$

$$=\frac{(x+3)(x-3)}{(x+3)^2}-\frac{2x+1}{2(x+3)} \qquad 第一步$$

$$=\frac{x-3}{x+3}-\frac{2x+1}{2(x+3)} \qquad 第二步$$

$$=\frac{2(x-3)}{2(x+3)}-\frac{2x+1}{2(x+3)} \qquad 第三步$$

$$=\frac{2x-6-(2x+1)}{2(x+3)} \qquad 第四步$$

$$=\frac{2x-6-2x+1}{2(x+3)} \qquad 第五步$$

$$=-\frac{5}{2x+6}。 \qquad 第六步$$

（1）①以上化简步骤中，第_____步是进行分式的通分，通分的依据是_____，具体为_____；

②第_____步开始出现错误，这一步错误的原因是_____。

（2）请直接写出该分式化简后的正确结果。

（3）除纠正上述错误外，请你根据平时的学习经验，就分式化简时还需要注意的事项给其他同学提一条建议。

参考答案

解：（1）①三；分式的基本性质；分式的分子与分母都乘（或除以）同一个不为零的整式，分式的值不变；

②五；括号前是"－"号，去掉括号后，括号里的第二项没有变号。

$$（2）\frac{x^2-9}{x^2+6x+9}-\frac{2x+1}{2x+6}$$

$$=\frac{(x+3)(x-3)}{(x+3)^2}-\frac{2x+1}{2(x+3)}$$

$$=\frac{x-3}{x+3}-\frac{2x+1}{2(x+3)}$$

$$=\frac{2(x-3)}{2(x+3)}-\frac{2x+1}{2(x+3)}$$

$$=\frac{2x-6-(2x+1)}{2(x+3)}$$

$$=\frac{2x-6-2x-1}{2(x+3)}$$

$$=-\frac{7}{2x+6}。$$

（3）答案不唯一，例如，最后结果应化为最简分式或整式；约分、通分时，应根据分式的基本性质进行变形；分式化简不能与解分式方程混淆等。

试题评析

本题的设计巧妙，一方面，考查了学生有理数的混合运算、分式的化简等基础知识和数学运算技能，掌握以上基础知识与基本技能是解题的关键；另一方面，通过解答题目的设计，能够有效地考查学生对于运算过程中每一步的依据的把握，要求学生既明白如何计算，又明白计算的依据，体现出对学生学习过程的考查。

【案例2.34】

试题

如图2-18，AB 为 $\odot O$ 的直径，点 C 为 BA 延长线上一点，CD 是 $\odot O$ 的切线，点 D 为切点，$OF \perp AD$ 于点 E，交 CD 于点 F。

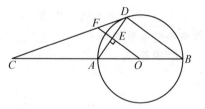

图2-18　案例2.34图

（1）求证：$\angle ADC = \angle AOF$；

（2）若 $\sin C = \dfrac{1}{3}$，$BD = 8$，求 EF 的长。

参考答案

解：（1）连接 OD，根据 CD 是 $\odot O$ 的切线，可推出 $\angle ADC + \angle ODA = 90°$，根据 $OF \perp AD$，可推出 $\angle AOF + \angle DAO = 90°$，根据 $OD = OA$，可得 $\angle ODA = \angle DAO$，即可证明 $\angle ADC = \angle AOF$；

（2）设半径为 r，根据在 $Rt\triangle OCD$ 中，$\sin C = \dfrac{1}{3}$，可得 $OD = r$，$OC = 3r$，$AC = 2r$。由 AB 为 $\odot O$ 的直径，得出 $\angle ADB = 90°$。再根据 $OF \perp AD$，推出 $OF \parallel BD$。然后利用相似，得 $\dfrac{OE}{BD} = \dfrac{AO}{AB} = \dfrac{1}{2}$，求出 OE，$\dfrac{OF}{BD} =$

$\dfrac{CO}{CB}=\dfrac{3}{4}$，求出 OF，即可求出 $EF=2$。

试题评析

从考点上来看，本题是一道较为综合的图形与几何领域的解答题，考查了相似三角形、锐角三角函数、切线的性质、直径所对的圆周角是 $90°$ 等核心知识点，灵活运用知识点是解题关键。此题能够有效地考查学生对圆中的相关定理、公式的理解和掌握情况。

题目的提问方式采取分步提问，第（1）问是对圆的切线的性质的简单应用，有效地降低了本题的难度，在第（1）问回答的基础之上，再进行第（2）问的探究，也可以为学生提供一些添加辅助线等解决问题的思路。本题综合性较强，能够对学生的数学思想、数学方法进行有效考查，同时也结合了推理能力、几何直观等核心素养的培养。

【案例 2.35】

试题

关于 x 的一元二次方程 $ax^2+bx+1=0$。

（1）当 $b=a+2$ 时，利用根的判别式判断方程根的情况；

（2）若方程有两个相等的实数根，写出一组满足条件的 a，b 的值，并求此时方程的根。

参考答案

解：（1）依题意，得 $\Delta=(a+2)^2-4a=a^2+4$，

$\because a^2+4>0$，

$\therefore$ 方程有两个不相等的实数根；

（2）由题意可知，$a\neq 0$，$b^2=4a$，

当 $a=1$，$b=2$ 时，方程为 $x^2+2x+1=0$，

解得 $x_1=x_2=-1$。（本问答案不唯一）

试题评析

本题考查的是对一元二次方程根的判别式的理解和应用。题目的设置体现了循序渐进、逐步深入的过程，符合学生的认知发展规律。第（1）问直接利用判别式来判断一元二次方程根的情况；第（2）问则是根据根的情况，确定方程中字母系数的取值，答案不唯一。本题突出了对于学生基础知识、基本技能的考查，此外也适当对于学生的运算能力、代数推理能力进行了考查。

三、数学学科考试主观题的编制原则

主观题是当前考试中必不可少的一种形式，它以其开放式提问、无标准答案等特征受到大多数学生的青睐。以下将从填空题、解答题两种题型对数学主观题的编制进行阐述。

（一）填空题的编制

1. 填空题的编写要求

（1）每一句所空缺的字句，一定是重要的字句，而且要和上下文有密切的联系，使学生填写时不至于感觉困难。

（2）一句内不要有太多的空白。空白太多，题义就会含糊不清，而且评分时也不易客观。如果答案由几个要点组成，可以按一定的顺序设计空格。

（3）考题的句子，不要直接抄自教材，以防学生死记硬背。

（4）空白的地方最好放在一句后面，不要放在前面。

（5）为了避免提供正确答案的相对长度线索，所有的空白长度要一致。

（6）在不泄露正确答案的前提下，指定出题人要求的答案形式。

（7）所填结果应力求简练、概括准确、唯一。

2. 填空题的编制示例

【案例 2.36】

试题

若代数式 $\dfrac{1}{x-7}$ 有意义，则实数 x 的取值范围是_____。

本题多维细目表如表 2-14 所示。

表 2-14　案例 2.36 多维细目表

1	试题类型	填空题
2	试题分值	2 分
3	题干	略
4	题干的特征	根据分式有意义的条件，确定字母的取值范围
5	解答过程	因为代数式 $\dfrac{1}{x-7}$ 有意义，所以分母不能为 0，可得 $x-7 \neq 0$，即 $x \neq 7$，故答案为 $x \neq 7$

续表

6	解答思路	本题考查的是分式有意义的条件，掌握分式的分母不为 0 是解题的关键
7	涉及知识要素	分式有意义的条件
8	考查的核心内容	分式有意义的条件是分式的分母不为 0
9	考查的核心能力	运算能力
10	误解的构想	将分式有意义的条件与二次根式有意义的条件混淆，令 $x-7 \geq 0$
11	预估难度	0.95
12	预估区分度	低

试题评析

　　此题涉及分式有意义的条件这一单一考点，重点考查学生"双基"（基础知识、基本技能）的落实。本题的题干简短，减少了对学生的干扰。学生通过简单的计算过程即可获得答案。因此本题可以有效地考查出学生对于分式的分母不为 0 这一核心知识的掌握程度。

　　相对于选择题而言，完成本题学生需要经历简单的计算过程，排除了选择题中给出的 4 个可能选项中，学生可以一一试出答案的可能性。

【案例 2.37】

试题

　　正六边形的一个内角是正 n 边形一个外角的 4 倍，则 $n=$ _____。

　　本题多维细目表如表 2-15 所示。

表 2-15　案例 2.37 多维细目表

1	试题类型	填空题
2	试题分值	2 分
3	题干	略
4	题干的特征	公式、定理的简单应用
5	解答过程	解：由多边形外角和定理可知，正六边形的外角为 $360° \div 6 = 60°$， 故正六边形的内角为 $180° - 60° = 120°$， 又 ∵ 正六边形的一个内角是正 n 边形一个外角的 4 倍， ∴ 正 n 边形的外角为 $30°$， ∴ 正 n 边形的边数为 $360° \div 30° = 12$。 故答案为 12

6	解答思路	先根据多边形外角和定理求出正六边形的外角为 $60°$，进而得到其内角为 $120°$，再求出正 n 边形的外角为 $30°$，再根据多边形外角和定理即可求解
7	涉及知识要素	多边形的内角、外角的定义，多边形的内角和公式及外角和定理
8	考查的核心内容	本题考查了正多边形的外角与内角的知识，熟练掌握正多边形的内角和与外角和定理是解决此类题目的关键
9	考查的核心能力	运用公式进行计算的能力
10	误解的构想	预设 1：无法将内角和外角产生联系； 预设 2：多边形外角和公式使用错误
11	预估难度	0.95
12	预估区分度	低

试题评析

　　此题考点清晰，避免了教师因解答过程较长，不能清楚地知晓答错的学生错误原因的情况。本题重点考查学生"双基"的落实。题干简短，描述清楚，减少了对学生的干扰，学生通过简单的计算过程即可获得答案，可以有效地考查出学生在简单的情境之中，运用多边形外角和公式求出多边形的边长的情况。

【案例 2.38】

试题

　　某校为了选拔一名百米赛跑运动员参加市中学生运动会，组织了 6 次预选赛，其中甲、乙两名运动员的表现较为突出，他们在 6 次预选赛中的成绩（单位：s）如下所示：

　　甲：12.0，12.0，12.2，11.8，12.1，11.9；

　　乙：12.3，12.1，11.8，12.0，11.7，12.1。

　　由于甲、乙两名运动员的成绩的平均数相同，学校决定依据他们成绩的稳定性进行选拔，那么被选中的运动员是＿＿＿＿＿＿。

　　本题多维细目表如表 2-16 所示。

表 2-16　案例 2.38 多维细目表

1	试题类型	填空题
2	试题分值	2 分
3	题干	略
4	题干的特征	运用统计的知识解决简单的实际问题
5	解答过程	解： $\bar{x}_甲=\dfrac{1}{6}（12.0+12.0+12.2+11.8+12.1+11.9）$ $\qquad=\dfrac{1}{6}\times72=12,$ $\bar{x}_乙=\dfrac{1}{6}（12.3+12.1+11.8+12.0+11.7+12.1）$ $\qquad=\dfrac{1}{6}\times72=12,$ $s^2_甲=$ $\dfrac{1}{6}[（12.0-12）^2+（12.0-12）^2+（12.2-12）^2+（11.8-12）^2+$ $（12.1-12）^2+（11.9-12）^2]$ $=\dfrac{1}{6}\times0.1=\dfrac{1}{60},$ $s^2_乙=$ $\dfrac{1}{6}[（12.3-12）^2+（12.1-12）^2+（11.8-12）^2+（12.0-12）^2+$ $（11.7-12）^2+（12.1-12）^2]$ $=\dfrac{1}{6}\times0.24=\dfrac{1}{25},$ $\because\dfrac{1}{60}<\dfrac{1}{25},$ 即 $s^2_甲<s^2_乙,$ $\therefore$ 甲的成绩比较稳定
6	解答思路	直接求出甲、乙的平均成绩和方差，进而比较方差，方差小的比较稳定，从而得出答案
7	涉及知识要素	方差的定义
8	考查的核心内容	方差的定义：一般地，设 n 个数据 x_1，x_2，$\cdots$，x_n 的平均数为 $\bar{x}$，则方差为 $s^2=\dfrac{1}{n}[（x_1-\bar{x}）^2+（x_2-\bar{x}）^2+\cdots+（x_n-\bar{x}）^2]$
9	考查的核心能力	数据观念、运算能力
10	误解的构想	学生不知如何计算一组数据的方差
11	预估难度	0.85
12	预估区分度	低

试题评析

本题在简单的实际情境之中，考查学生对于统计量意义的理解，加强对数学应用的考查的同时，落实了学生的数学"双基"。

【案例 2.39】

试题

如图 2-19，在 △ABC 中，AB＝AC，点 D 在 BC 上（不与点 B，C 重合）。只需添加一个条件即可证明 △ABD≌△ACD，这个条件可以是＿＿＿＿＿（写出一个即可）。

本题多维细目表如表 2-17 所示。

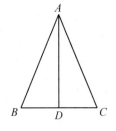

图 2-19　案例 2.39 图

表 2-17　案例 2.39 多维细目表

1	试题类型	填空题
2	试题分值	2 分
3	题干	略
4	题干的特征	本题考查的是三角形全等的判定，属条件开放性试题
5	解答过程	解：∵AB＝AC，AD＝AD， ∴要使△ABD≌△ACD， 则可以添加∠BAD＝∠CAD， 此时利用"边角边"判定：△ABD≌△ACD， 或可以添加 BD＝CD， 此时利用"边边边"判定：△ABD≌△ACD， 故答案为：∠BAD＝∠CAD（或 BD＝CD）
6	解答思路	证明△ABD≌△ACD，已经具备 AB＝AC，AD＝AD，根据选择的判定三角形全等的判定方法可得答案
7	涉及知识要素	等腰三角形、三角形全等的判定
8	考查的核心内容	三角形全等的判定定理
9	考查的核心能力	几何直观、逻辑推理
10	误解的构想	错误运用三角形全等的判定定理
11	预估难度	0.85
12	预估区分度	低

试题评析

本题在等腰三角形的背景之中，考查全等三角形的判定定理。本题条件开放，有利于考查学生在解题过程之中的思维过程。

（二）解答题的编制

1. 解答题的编写要求

（1）题目发问可直截了当，命题语言明确、简要，要直指需要回答的是什么问题。

（2）如要用情境或材料作背景，取材要有依据，具有科学性、正确性，文字量不宜过多，叙述应简明扼要。

（3）题量不宜过多，一般命题者编写解答题时，要经历如下的几个步骤：选材与立意、搭架与构题、加工与调整、审查与复核。

2. 解答题的编制示例

类型一：关注"四基"考查类题目的设计。

题目立意：《课程标准（2022 年版）》指出，课程目标以学生发展为本，以核心素养为导向，进一步强调使学生获得"四基"，发展"四能"，形成正确的情感、态度与价值观。试题的命制注重对"四基"的考查。

【案例 2.40】

试题

解方程：$\dfrac{3y-1}{4}=1+\dfrac{5y-7}{6}$。

本题多维细目表如表 2-18 所示。

表 2-18　案例 2.40 多维细目表

1	试题类型	解答题
2	试题分值	5 分
3	题干	略
4	题干的特征	本题题干简洁，考查内容明确（解一元一次方程）
5	解答过程	解：去分母，得 $3(3y-1)=12+2(5y-7)$； 去括号，得 $9y-3=12+10y-14$； 移项，得 $9y-10y=12-14+3$； 合并同类项，得 $-y=1$； 系数化为 1，得 $y=-1$
6	解答思路	根据等式的基本性质，通过去分母、移项、合并同类项等步骤，求得方程的解

7	涉及知识要素	一元一次方程、解方程
8	考查的核心内容	等式性质 1、等式性质 2、合并同类项
9	考查的核心能力	运算能力
10	误解的构想	错误 1：去分母错误。 解：去分母，得： $3(3y-1)=1+2(5y-7)$； 错误 2：去括号错误。 解：去分母，得： $3(3y-1)=12+2(5y-7)$； 去括号，得： $9y-1=12+10y-7$
11	预估难度	0.90
12	预估区分度	低

试题评析

本题考查了学生对于一元一次方程解法的掌握情况，同时也体现出对于学生运算能力核心素养的要求，能够较好地考查学生的"双基"。

类型二：关注综合运用类题目的设计。

题目立意：《课程标准（2022 年版）》指出，通过义务教育阶段的数学学习，学生应逐步会用数学的眼光观察现实世界，会用数学的思维思考现实世界，会用数学的语言表达现实世界。学生的数学学习以数学核心内容与基本思想为主线循序渐进，教师应设计情境真实、较为复杂的问题，引导学生综合运用数学学科和跨学科的知识与方法解决问题。

【案例 2.41】

试题

在平面直角坐标系 xOy 中，一次函数 $y=kx+b$（$k\neq0$）的图象由函数 $y=x$ 的图象平移得到，且经过点（1，2）。

（1）求这个一次函数的解析式；

（2）当 $x>1$ 时，对于 x 的每一个值，函数 $y=mx$（$m\neq0$）的值都大于一次函数 $y=kx+b$ 的值，直接写出 m 的取值范围。

本题多维细目表如表 2-19 所示。

表 2-19　案例 2.41 多维细目表

1	试题类型	解答题
2	试题分值	5 分

续表

3	题干	略
4	题干的特征	本题考查学生通过函数图象求函数解析式的能力
5	解答过程	解：（1）∵一次函数 $y=kx+b$（$k \neq 0$）由 $y=x$ 平移得到， ∴$k=1$， 将点（1，2）代入 $y=x+b$ 可得 $b=1$， ∴一次函数的解析式为 $y=x+1$； （2）当 $x>1$ 时，函数 $y=mx$（$m \neq 0$）的值都大于 $y=x+1$， 即图象在 $y=x+1$ 上方，由下图可知： 临界值为当 $x=1$ 时，两条直线都过点（1，2）， ∴当 $x>1$，$m>2$ 时，$y=mx$（$m \neq 0$）的值都大于 $y=x+1$， 又∵$x>1$， ∴m 可取值 2，即 $m=2$， ∴m 的取值范围为 $m \geq 2$ 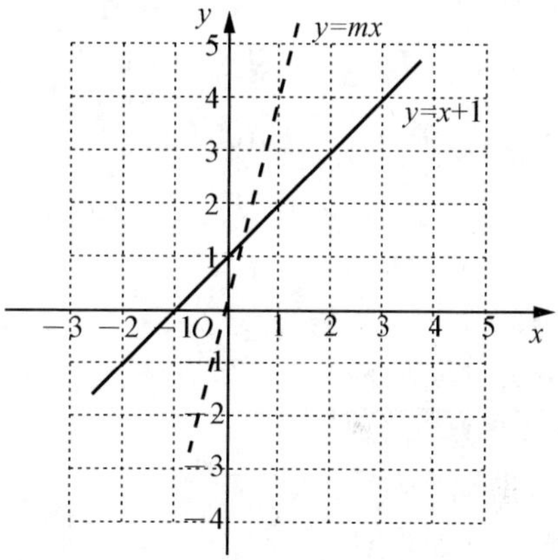
6	解答思路	（1）根据一次函数 $y=kx+b$（$k \neq 0$）由 $y=x$ 平移得到，可得出 k 值，然后将点（1，2）代入 $y=x+b$ 可得 b 值，即可求出解析式； （2）由题意可得临界值为当 $x=1$ 时，两条直线都过点（1，2），即可得出当 $x>1$，$m>2$ 时，$y=mx$（$m \neq 0$）的值都大于 $y=x+1$，根据 $x>1$，可得 m 可取值 2，可得出 m 的取值范围
7	涉及知识要素	一次函数解析式、一次函数的图象
8	考查的核心内容	用待定系数法求一次函数解析式；通过找出临界值，求字母系数的取值范围
9	考查的核心能力	运算能力、空间观念

续表

10	误解的构想	学生不能综合运用知识
11	预估难度	0.90
12	预估区分度	低

试题评析

本题主要从运动与变化的角度，结合函数图象，考查学生从特殊到一般、从直观到抽象、从感性到理性的思维过程。此外，本题从数学思维深度的角度，考查学生认识数学、理解数学、感悟数学的思维过程。

【案例 2.42】

试题

已知：如图 2-20，△ABC 为锐角三角形，AB＝AC，CD∥AB。

求作：线段 BP，使得点 P 在直线 CD 上，且 $\angle ABP = \frac{1}{2} \angle BAC$。

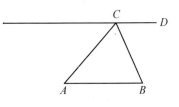

作法：①以点 A 为圆心，AC 长为半径画圆，交直线 CD 于 C，P 两点；

②连接 BP。

图 2-20　案例 2.42 图

（1）使用直尺和圆规，依作法补全图形（保留作图痕迹）；

（2）完成下面的证明。

证明：∵CD∥AB，

∴∠ABP＝_____。

∵AB＝AC，

∴点 B 在⊙A 上。

又∵$\angle BPC = \frac{1}{2} \angle BAC$（_____）（填推理依据），

∴$\angle ABP = \frac{1}{2} \angle BAC$。

本题多维细目表如表 2-20 所示。

表 2-20　案例 2.42 多维细目表

1	试题类型	解答题
2	试题分值	5 分

3	题干	略
4	题干的特征	本题以"求作：线段 BP，使得点 P 在直线 CD 上，且 $\angle ABP = \frac{1}{2}\angle BAC$"的尺规作图过程为背景，考查了尺规作图中依据作法作图、推理论证的完整过程
5	解答过程	（1）按照作法的提示，逐步作图即可； （2）利用平行线的性质证明 $\angle ABP = \angle BPC$，再利用圆的性质得到 $\angle BPC = \frac{1}{2}\angle BAC$，从而可得答案。 【详解】解：（1）依据作图提示作图如下； 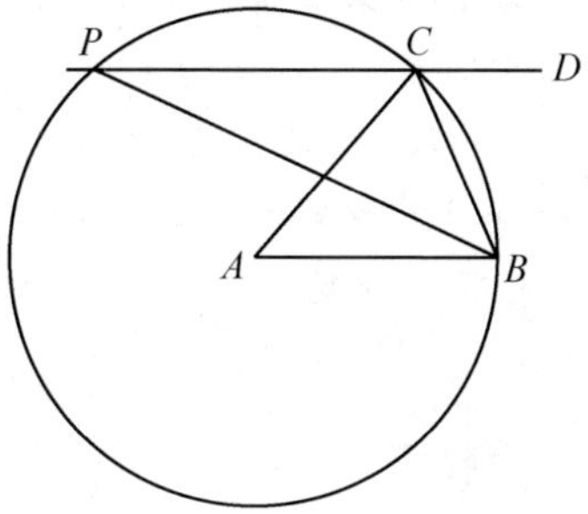 （2）证明：$\because CD/\!/AB$， $\therefore \angle ABP = \underline{\angle BPC}$。 $\because AB = AC$， $\therefore$ 点 B 在 $\odot A$ 上。 又 $\because \angle BPC = \frac{1}{2}\angle BAC$（在同圆或等圆中，同弧所对的圆周角等于它所对圆心角的一半）（填推理依据）， $\therefore \angle ABP = \frac{1}{2}\angle BAC$。 故答案为 $\angle BPC$；在同圆或等圆中，同弧所对的圆周角等于它所对圆心角的一半
6	解答思路	本题考查的是作图中的复杂作图，同时考查了平行线的性质以及圆的基本性质。掌握以上知识是解题的关键
7	涉及知识要素	圆中的圆心角、圆周角的定义及性质
8	考查的核心内容	平行线的性质、圆的基本性质
9	考查的核心能力	逻辑推理能力、尺规作图的基本技能
10	误解的构想	学生不能完成画图，或对圆中的相关定理理解不足
11	预估难度	0.70
12	预估区分度	中

试题评析

在考查的过程中，本题突出对基本技能、基本思想和基本活动经验的考查。本题考查学生尺规作图这一基本技能，学生不仅要掌握技能操作的程序和步骤，还要理解其中蕴含的数学原理。命题人在编制本题时，不仅要求学生能依据题目中的方法准确作图，还要求学生利用已掌握的数学原理解释尺规作图的作图原理，这种考查形式能够体现学生的不同思维水平。

【案例 2.43】

试题

某年级共有 300 名学生。为了解该年级学生 A 与 B 两门课程的学习情况，研究者从中随机抽取 60 名学生进行考试，获得了他们的成绩（百分制），并对数据（成绩）进行整理、描述和分析。下面给出了部分信息。

a. A 课程成绩的频数分布直方图如图 2-21 所示（数据分成 6 组，取值范围分别为：$40 \leqslant x < 50$，$50 \leqslant x < 60$，$60 \leqslant x < 70$，$70 \leqslant x < 80$，$80 \leqslant x < 90$，$90 \leqslant x \leqslant 100$）；

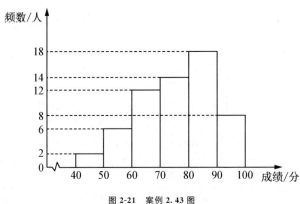

图 2-21　案例 2.43 图

b. A 课程成绩在 $70 \leqslant x < 80$ 这一组的全部数据如下：

70，71，71，71，76，76，77，78，78.5，78.5，79，79，79，79.5；

c. A 与 B 两门课程成绩的平均数、中位数、众数如表 2-21 所示。

表 2-21　A 与 B 两门课程统计结果

课程	平均数	中位数	众数
A	75.8	m	84.5
B	72.2	70	83

根据以上信息，回答下列问题：

（1）写出表中 m 的值；

（2）在此次考试中，某学生的 A 课程成绩为 76 分，B 课程成绩为 71 分，这名学生成绩排名更靠前的课程是＿＿＿＿＿＿（填"A"或"B"），理由是＿＿＿＿＿＿＿＿＿＿＿＿＿；

（3）假设该年级学生都参加此次考试，估计 A 课程成绩超过 75.8 分的人数。

本题多维细目表如表 2-22 所示。

表 2-22　案例 2.43 多维细目表

1	试题类型	解答题
2	试题分值	5 分
3	题干	略
4	题干的特征	在实际背景之中，运用统计知识解决问题
5	解答过程	（1）第 30 名的学生成绩为 78.5，第 31 名的学生成绩为 79，因此中位数 $m=\dfrac{78.5+79}{2}=78.75$； （2）在此次考试中，这名学生成绩排名更靠前的课程是 B，理由是这名学生的 A 课程成绩为 76 分，小于 A 课程样本数据的中位数 78.75，说明这名学生的 A 课程成绩排在后 30 名；这名学生的 B 课程成绩为 71 分，大于 B 课程样本数据的中位数 70，说明这名学生的 B 课程成绩排在前 30 名； （3）在样本中，A 课程成绩在 $80 \leq x < 90$ 和 $90 \leq x \leq 100$ 范围内的人数分别为 18 和 8，在 $75.8 \leq x \leq 80$ 范围内的人数为 10，所以 A 课程成绩超过 75.8 分的人数为 36； 假设该年级学生都参加此次考试，估计 A 课程成绩超过 75.8 分的人数为 $\dfrac{36}{60} \times 300 = 180$（人）
6	解答思路	根据平均数、中位数、众数这三个统计量的意义解决问题
7	涉及知识要素	平均数、中位数、众数
8	考查的核心内容	统计量的意义
9	考查的核心能力	数据分析的能力、数据分析观念
10	误解的构想	对于平均数、中位数与众数三个统计量的理解不到位
11	预估难度	0.70
12	预估区分度	中

试题评析

本题希望学生了解现实生活中的信息来源是多种多样的，其表现形式也各有不同。用文字、图表等方式表达综合信息是信息处理的常用手段，也是数学表达的一种方式，学生应学会利用数据信息解答较简单的问题。

本题在注重考查学生综合能力的同时，加大了对学生数学应用意识和创新意识的考查。题目中增加了结合现实情境的应用性问题和有利于发展学生个性品质的探索性问题，这些问题取材于与生产、经济、科学实践有着密切联系的事物，贴近生活，切合实际，体现出数学广泛的应用性和分析问题、解决问题的能力。

四、基于核心素养评价的数学学科考试主观题

核心素养是知识与技能，过程与方法，情感、态度与价值观的综合体现。2014 年 3 月，《教育部关于全面深化课程改革落实立德树人根本任务的意见》首次提出培养核心素养的理念，随着课程改革的不断推进，数学教学对核心素养理念的重视程度也不断增加。

下面结合例子，阐述典型试题对核心素养的考查。

（一）指向空间观念核心素养的主观题

空间观念主要是指对空间物体或图形的形状、大小及位置关系的认识。空间观念要求学生能够根据物体特征抽象出几何图形，根据几何图形想象出所描述的实际物体；想象并表达物体的空间方位和相互之间的位置关系；感知并描述图形的运动和变化规律。空间观念有助于学生理解现实生活中空间物体的形态与结构，是形成空间想象力的经验基础。

【案例 2.44】

试题

如图 2-22，在平面直角坐标系 xOy 中，$\triangle AOB$ 可以看作是 $\triangle OCD$ 经过若干次图形的变化（平移、轴对称、旋转）得到的，写出一种由 $\triangle OCD$ 得到 $\triangle AOB$ 的过程。＿＿＿＿＿＿

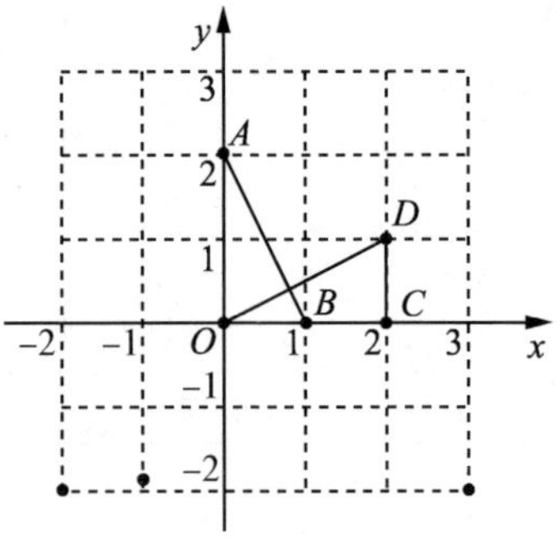

参考答案

将 $\triangle OCD$ 绕点 C 顺时针旋转 $90°$，再向

图 2-22　案例 2.44 图

左平移 2 个单位长度得到 △AOB（答案不唯一）。

试题评析

本题以平面直角坐标系为载体，将三角形放置于平面直角坐标系中，考查图形的平移、轴对称、旋转等知识点，从相对复杂的图形中抽象出基本图形，在运动变化的过程之中，运用图形变化解决问题。本题考查了几何直观和空间观念两大核心素养，解决本题关键是观察图形的运动变化，特别要注意旋转图形时是顺时针还是逆时针旋转。

（二）指向推理能力核心素养的主观题

推理能力主要是指从一些事实和命题出发，依据规则推出其他命题或结论的能力。推理能力要求学生理解逻辑推理在形成数学概念、法则、定理和解决问题中的重要性，初步掌握推理的基本形式和规则；对于一些简单问题，能通过特殊结果推断一般结论；理解命题的结构与联系，探索并表述论证过程；感悟数学的严谨性，初步形成逻辑表达与交流的习惯。推理能力有助于学生逐步养成重论据、合乎逻辑的思维习惯，培养实事求是的科学态度与理性精神。

【案例 2.45】

试题

下面是小东设计的"过直线外一点作这条直线的平行线"的尺规作图过程。

已知：直线 l 及直线 l 外一点 P，如图 2-23 所示。

图 2-23　案例 2.45 原图

求作：直线 PQ，使得 $PQ /\!/ l$。

作法：如图 2-24，

①在直线 l 上取一点 A，作射线 PA，以点 A 为圆心，AP 长为半径画弧，交 PA 的延长线于点 B；

②在直线 l 上取一点 C（不与点 A 重合），作射线 BC，以点 C 为圆心，CB 长为半径画弧，交 BC 的延长线于点 Q；

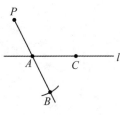

③作直线 PQ。直线 PQ 就是所求作的直线。

图 2-24　案例 2.45 作图过程

根据小东设计的尺规作图过程，

（1）使用直尺和圆规，补全图形（保留作图痕迹）；

（2）完成下面的证明。

证明：∵ $AB =$ _____，$CB =$ _____，

∴ $PQ // l$（_____）（填推理的依据）。

参考答案

解：（1）补全的图形如图 2-25 所示；

（2）AP，CQ，三角形的中位线平行于三角形的第三边。

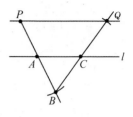

图 2-25　案例 2.45 补全图

试题评析

本题在以往直接写作图依据的基础上，回归到尺规作图的一点，即以某学生设计的"过直线外一点作这条直线的平行线"的尺规作图过程为背景，考查了尺规作图中依据作法作图、推理论证的完整过程。同时，题目设计体现出了对知识掌握的整体性要求，不让学生把知识割裂开来看，而是让其从整体上看知识之间的联系性，更好地掌握基础知识。

（三）指向数据观念核心素养的主观题

数据观念主要是指对数据的意义和随机性有比较清晰的认识。数据观念要求学生知道数据蕴含着信息，需要根据问题的背景和所要研究的问题确定数据收集、整理和分析的方法；知道可以用定量的方法描述随机现象的变化趋势及随机事件发生的可能性大小。形成数据观念有助于学生理解和表达生活中随机现象发生的规律，感知大数据时代数据分析的重要性，养成重证据、讲道理的科学态度。数据分析是研究随机现象的重要数学技术，是大数据时代数学应用的主要方法，也是"互联网＋"相关领域的主要数学方法，数据分析已经深入科学、技术、工程和现代社会生活的各个方面。

【案例 2.46】

试题

为了了解某地居民的用电量情况，相关部门随机抽取了该地 200 户居民 6 月的用电量（单位：$kW \cdot h$）进行调查，整理样本数据得到如表 2-23 所示的居民用电量频数分布表。

表 2-23　居民用电量频数分布表

组别	用电量分组	频数
1	$8 \leqslant x < 93$	50
2	$93 \leqslant x < 178$	100
3	$178 \leqslant x < 263$	34

续表

组别	用电量分组	频数
4	$263 \leqslant x < 348$	11
5	$348 \leqslant x < 433$	1
6	$433 \leqslant x < 518$	1
7	$518 \leqslant x < 603$	2
8	$603 \leqslant x < 688$	1

根据抽样调查结果，回答下列问题：

（1）该地这 200 户居民 6 月的用电量的中位数落在第_____组内；

（2）估计该地 1 万户居民 6 月的用电量低于 178 kW·h 的有多少户。

参考答案

解：（1）∵有 200 个数据，

∴6 月的用电量的中位数应该是第 100 个和第 101 个数的平均数，

∴该地这 200 户居民 6 月的用电量的中位数落在第 2 组内；

（2）∵$10\,000 \times \dfrac{50+100}{200} \times 100\% = 7\,500$（户），

∴估计该地 1 万户居民 6 月的用电量低于 178 kW·h 的有 7 500 户。

答：估计该地 1 万户居民 6 月的用电量低于 178 kW·h 的有 7 500 户。

试题评析

本题主要考查学生对实际问题的理解和对数据处理的能力。用频数分布表展现用电量，需要学生正确理解频数分布表，同时注意中位数与众数、平均数的区别。第（2）问根据样本估计总体，有些学生可能审题不清，错误地把第三组的数据也算进去，导致失分。

本题以日常生活中用电情况为背景，主要考查了频数分布表、中位数等统计知识。第（1）问让学生通过样本数据的频数分布表确定这组数据的中位数所在的组别，突出了对概念的考查。第（2）问主要考查用样本估计总体，体现了运用数据分析观念解决实际问题的命题意图。

(四)指向几何直观核心素养的主观题

几何直观主要是指运用图表描述和分析问题的意识与习惯。几何直观要求学生能够感知各种几何图形及其组成元素，依据图形的特征进行分

类；根据语言描述画出相应的图形，分析图形的性质；建立形与数的联系，构建数学问题的直观模型；利用图表分析实际情境与数学问题，探索解决问题的思路。几何直观有助于学生把握问题的本质，明确思维的路径。

【案例 2.47】

试题

如图 2-26，在 $\triangle ABC$ 中，$AC = BC$，点 D 是 AB 上一点，$\odot O$ 经过点 A，点 C，点 D，交 BC 于点 E。过点 D 作 $DF // BC$，交 $\odot O$ 于点 F。

求证：（1）四边形 $DBCF$ 是平行四边形；

（2）$AF = EF$。

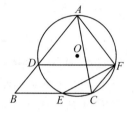

图 2-26　案例 2.47 图

参考答案

解：（1）$\because AC = BC$，

$\therefore \angle CAB = \angle B$。

又 $\because \angle CAB = \angle CFD$，

$\therefore \angle B = \angle CFD$。

$\because DF // BC$，

$\therefore \angle B + \angle BDF = 180°$。

$\therefore \angle CFD + \angle BDF = 180°$。

$\therefore CF // BD$。

$\therefore$ 四边形 $DBCF$ 是平行四边形。

（2）连接 AE，

$\because$ 四边形 $AECF$ 为圆内接四边形，

$\therefore \angle FAE + \angle ECF = 180°$，

由（1）知，$\angle B + \angle ECF = 180°$，$\angle B = \angle ADF$，

$\therefore \angle ADF = \angle FAE$。

又 $\because \angle ADF = \angle FEA$，

$\therefore \angle FAE = \angle FEA$，

$\therefore AE = EF$。

试题评析

题目所给条件多与角度相关，根据平行线的相关判定，可以判断出第（1）问运用两组对边分别平行来证平行四边形。对于第（2）问，学生可

能注意不到圆内接四边形 $AECF$，从而在角相等的证明上遇到困难。部分学生在逆推得到 $\angle FAE = \angle B$ 之后就会无从下手，这时候可以利用第（1）问的平行四边形邻角和为 $180°$ 继续推进证明。这就要求教师在平时的几何证明教学中，多加注意对学生几何直观和推理能力的培养。

本题以等腰三角形和圆为背景，考查了平行四边形的判定、圆周角和圆内接四边形的性质，以及等角对等边等知识点。第（1）问要求学生熟练掌握平行四边形的判定定理，并能根据题目条件迅速判断出用哪条判定定理解题更加高效。第（2）问要求学生能够通过圆周角和平行四边形角度的转换得到对应角相等，再根据等角对等边得到结论。这一系列证明都需要较高的几何直观核心素养。

（五）指向运算能力核心素养的主观题

运算能力主要是指根据法则和运算律进行正确运算的能力。运算能力要求学生能够明晰运算的对象和意义，理解算法与算理之间的关系；能够理解运算的问题，选择合理简洁的运算策略解决问题；能够通过运算促进数学推理能力的发展。运算能力有助于学生形成规范化思考问题的品质，养成一丝不苟、严谨求实的科学态度。

【案例 2.48】

试题

数学实践课上，同学们分组测量教学楼前国旗旗杆的高度。小泽同学所在的组先设计了测量方案，然后开始测量。他们全组分成两个测量组，分别负责室内测量和室外测量（图 2-27）。室内测量组来到教室内窗台旁，在点 E 处测得旗杆顶部 A 的仰角 α 为 $45°$，旗杆底部 B 的俯角 β 为 $60°$。室外测量组测得 BF 的长度为 $5\mathrm{m}$。则旗杆 $AB=$＿＿＿＿＿m。

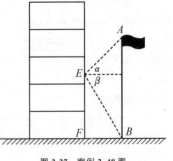

图 2-27 案例 2.48 图

参考答案

（$5+5\sqrt{3}$）。

试题评析

本题中，除了对题意的理解外，最重要的就是对计算能力的要求。对于基础相对薄弱的同学来说，三角函数的计算可能会出现问题。比如三角函数的选用，在正确画出辅助线后，学生在未知数的设立以及三角函数表示线段长度上都可能出现错误。

本题根据教材中常见的测量高度的问题改编而来，主要考查三角函数的应用。三角函数的应用本身就依托于计算，成功解题除了需要理解三角函数的基本概念，还需要一定的计算能力。本题还考查了学生对实际问题的理解和对数学图形的抽象概括能力。

（六）指向模型观念核心素养的主观题

模型观念主要是指对运用数学模型解决实际问题有清晰的认识，包括知道数学建模是数学与现实联系的基本途径；初步感知数学建模的基本过程，从现实生活或具体情境中抽象出数学问题，用数学符号建立方程、不等式、函数等表示数学问题中的数量关系和变化规律，求出结果并讨论结果的意义。模型观念有助于开展跨学科主题学习，感悟数学应用的普遍性。

数学建模搭建了数学与外部世界联系的桥梁，是数学应用的重要形式。数学建模是应用数学解决实际问题的基本手段，也是推动数学发展的动力。

【案例 2.49】

试题

自动驾驶汽车是一种通过电脑系统实现无人驾驶的智能汽车。某出租车公司拟在今明两年共投资 9 000 万元改造 260 辆无人驾驶出租车投放市场。今年每辆无人驾驶出租车的改造费用是 50 万元，预计明年每辆无人驾驶出租车的改造费用可下降 50%。求明年改造的无人驾驶出租车是多少辆。

参考答案

解：设明年改造 x 辆，今年改造（$260-x$）辆。

根据题意，得 $50（260-x）+25x=9\ 000$。

解得 $x=160$。

答：明年改造 160 辆。

试题评析

模型观念可帮助学生将现实生活中的数学问题建立数学模型，关注学生知识迁移水平，考查学生对知识的拓展和延伸能力。本题以实际问题为情境，借助方程或方程组的数学模型解决问题，重在培养学生的模型观念。

【案例 2.50】

试题

在"看图说故事"活动中，某学习小组结合函数图象设计了一个问题情境。已知小亮所在学校的宿舍、食堂、图书馆依次在同一条直线上，食堂离宿舍0.7 km。图书馆离宿舍1 km。周末，小亮从宿舍出发，匀速走了 7 min 到食堂；在食堂停留 16 min 后，匀速走了 5 min 到图书馆；在图书馆停留 30 min 后，匀速走了 10 min 返回宿舍。如图 2-28 所示，给出的函数图象反映了这个过程中小亮离宿舍的距离 y（单位：km）与离开宿舍的时间 x（单位：min）间的对应关系。

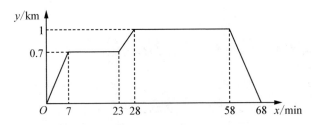

图 2-28　案例 2.50 图

请根据相关信息，解答下列问题：

（1）填表：

表 2-24　小亮离开宿舍的时间和离宿舍的距离统计

离开宿舍的时间/min	2	5	20	23	30
离宿舍的距离/km	0.2		0.7		

（2）填空：

①食堂到图书馆的距离为_____ km；

②小亮从食堂到图书馆的速度为_____ km/min；

③小亮从图书馆返回宿舍的速度为_____ km/min；

④当小亮离宿舍的距离为 0.6 km 时，他离开宿舍的时间为_____ min。

（3）当 $0 \leqslant x \leqslant 28$ 时，请直接写出 y 关于 x 的函数解析式。

参考答案

（1）0.5，0.7，1；

（2）0.3，0.06，0.1，6 或 62；

$$（3）y=\begin{cases}0.1x, & 0\leqslant x\leqslant 7,\\ 0.7, & 7<x<23,\\ 0.06x-0.68, & 23\leqslant x\leqslant 28。\end{cases}$$

试题评析

本题将对学生发现问题、提出问题、分析问题、解决问题的评价列为数学考查的主要内容。关注数学与现实的联系，培养应用意识与解决问题的能力，是《课程标准（2022 年版）》所倡导的基本理念之一。本题的设计既能体现出学生提出问题的能力，又能体现出学生分析问题、解决问题的能力，同时，能够将实际问题转化成函数的模型去解决问题。

第四节　数学学科考试应用题的编制

应用题是用数学的思想和方法去解决来源于客观世界的、有实际背景的一类题目。这类试题用情境描述包含数量关系的问题，情境描述构成应用题的外衣，数量关系则是其本质，两者是组成应用题的基本要素，密切相关、缺一不可。

应用题与数学建模之间是紧密联系但又相互区别的，两者的目的都是培养学生的模型观念。《课程标准（2022 年版）》中指出，模型观念主要是指对运用数学模型解决实际问题有清晰的认识。学生应知道数学建模是数学与现实联系的基本途径；初步感知数学建模的基本过程，从现实生活或具体情境中抽象出数学问题，用数学符号建立方程、不等式、函数等表示数学问题中的数量关系和变化规律，求出结果并讨论结果的意义。模型观念有助于开展跨学科主题学习，感悟数学应用的普遍性。并且应用题与数学建模在步骤上也有类似之处，导致人们往往认为解数学应用题就是数学建模，实际上两者不能完全等同。《普通高中数学课程标准（2017 年版2020 年修订）》中指出，数学建模活动是对现实问题进行数学抽象，用数学语言表达问题、用数学方法构建模型解决问题的过程，主要包括：在实际情境中从数学的视角发现问题、提出问题，分析问题、构建模型，确定参数、计算求解，检验结果、改进模型，最终解决实际问题。解决数学应用题和数学建模有如下几点区别。一是数学建模的问题直接来源于现实生产生活，从而更加贴近实际，它的条件和结论也往往是不明确的，因此学生需要自己发掘问题中可用的条件；而数学应用题经过了精心创作与加工，因此问题明确、条件充分必要、结论清楚。二是数学应用题经过人为加工后已经将现实世界的问题简化成学生所熟悉的现实模型，因此应用题所需要的建立模型过程相比数学建模的过程是相对简单、容易被学生掌握的。数学应用题呈现给学生的已经是"现实的模型"，经过一定的训练就可以将它转化为"数学模型"并加以解决。三是数学建模的检验过程要更加复杂，不仅要根据答案是否符合实际对答案进行取舍，还要检验所得答案是否与所建立的模型矛盾，是否需要修改或深化原有模型等，而传统数学应用题解出的答案一般只需要检验是否符合实际，很少需要对原有模型再次修改和深化。因此解数学应用题的过程并不是一个完整的数学建模过程，它要比完整的数学建模过程简单得多。解数学应用题的过程分为阅读理解、建立模型、求解问题、实际检验四个步骤。

　　应用题和数学自身的问题都从属于数学问题，两者相互联系又有所区别。从与实际生活的联系程度来看，数学自身的问题完全远离个体的实际生活，而应用题直接来源于现实生活；从问题内容来看，数学自身的问题仅是关于数学本身的对象和方法，因此它又被称为纯数学问题，而解数学应用题需要经历一个由实际问题到纯数学问题的转化过程；从呈现方式来看，数学自身的问题通常是以简洁的数学语言来呈现的，如数学符号、定理和规则等，而数学应用题通常用文字、函数图象或图表等来描述其现实背景，相较数学自身的问题它的叙述更加复杂。因此数学应用题就是将现实生活或生产中的实际问题进行加工和简化，通过去掉复杂的实际背景将之转化为纯数学问题或数学自身问题来求解的一类题目。

一、数学学科考试应用题的情境设计

　　数学试题的情境创设具有真实性、适切性、公平性、科学性和多样性；而数学应用题可以以现实情境、科学情境或者文化情境为背景，综合运用数学知识，通过数学建模等方法解决真实问题。

（一）现实情境设计

　　数学来源于人类实践。但从实践中抽象出来以后，数学又有它相对的独立性和稳定性。数学工作者常常通过对数学内部提出的问题的研究，发展和完善数学理论，这些理论又通过不同途径被应用于实践。数学问题的形式化表述有时让人觉得难以预测其应用前景，但数学理论可能联系的实际，有时会远远超出时代。特别要注意，数学建模固然有其重要性，但我们不能处处都强调机械地联系当时生产、生活中的实际；而应在教学中可能的情况下讲清楚数学概念内部的联系、数学理论的科学意义、数学与其他学科的联系，以及学习数学时自觉培养"应用意识"的重要性。因此使学生逐步会用数学的眼光观察现实世界，会用数学的思维思考现实世界，会用数学的语言表达现实世界是应用题考查的目的之一。

此类试题的一般特征是：通过提供相关的实际生活材料创设具体的活动情境，帮助学生置身于具体的活动情境之中，要求学生设计活动方案或者通过活动建立模型，解决具体的问题。这些试题十分重视由学生亲身经历数学知识形成、发展和应用的过程，积累数学活动经验，感悟数学思想。从命题的视角来看，试题会在充分理解教材、挖掘教材的基础上进行新颖的情境创设，关注数学思维过程的再现，着力检测学生的思维习惯与思维品质。

【案例 2.51】

试题

某校九年级共 8 个班的 190 名学生需要进行体检，各班学生人数如表 2-25 所示。

表 2-25　某校九年级各班学生人数

班级	1 班	2 班	3 班	4 班	5 班	6 班	7 班	8 班
人数	29	19	25	23	22	27	21	24

若已经有 7 个班的学生完成了体检，且已经完成体检的男生、女生的人数之比为 4 : 3，则还没有体检的班级可能是_____。

本题多维细目表如表 2-26 所示。

表 2-26　案例 2.51 多维细目表

1	试题类型	填空题
2	试题分值	2 分
3	题干	略
4	题干的特征	表格信息与数量关系结合
5	解答过程	总学生数减去一个班的数量后可以被 7 整除即可。 $190-29=161$； $190-22=168$； 161 与 168 都可以被 7 整除，因此没有体检的班级可能为 1 班或者 5 班

6	解答思路	利用男、女生人数比为 4∶3 确定总人数与各班人数的差能被 7 整除
7	涉及知识要素	整除、数据分析
8	考查的核心内容	估算、整除
9	考查的核心能力	数感、数学运算、数据分析、应用意识
10	误解的构想	没有明确 4∶3 的显示含义或者计算出错
11	预估难度	0.60
12	预估区分度	中

试题评析

此题以学生身边的事件为命题情境，通过简单的数量关系，体现出数学的实际应用价值：使人能够通过数据的分析解决实际问题，解题方法多样，给不同学生运用不同策略解决问题的机会，加强了对数学的应用意识的考查，又考查了逻辑推理方式，展示了学生的估算和数据分析观念，加强了数学应用意识的培养。

(二)跨领域情境设计

数学在人类文明的进步和发展中一直发挥着重要的作用。过去，人们习惯把科学分为自然科学、社会科学两大类，数学、物理学、化学、天文学、地理学、生物学都归属于自然科学。但是，现在科学家更倾向于把自然科学界定为以研究物质的某一运动形态为特征的科学，如物理学、化学、生物学。数学忽略了物质的具体运动形态和属性，纯粹从数量关系和空间形式的角度来研究现实世界，具有超越具体科学和普遍适用的特征，具有公共基础的地位。数学的许多高深理论与方法正广泛深入地渗透到自然科学的各个领域中去。数学在当代科技、文化、社会、经济和国防等诸多领域中的特殊地位是不可忽视的。发展数学科学，是推进我国科学研究和技术发展，保障我国在各个重要领域中可持续发展的战略需要。所以在数学命题情境中势必要加入科学前沿问题，进一步体现数学在实际生活中强大的工具性作用。

为培养学生数学学科核心素养，现今的数学课堂尤其重视数学情境的创设，这是因为任何知识的发生、发展都有它特定的情境脉络，知识附着于情境，能自然展示它的来龙去脉，是素养教学的载体。情境任务必然蕴含着问题与活动，也必然隐伏着不确定性和挑战性，这种开放性的不良结构问题有利于拓展思维空间，使数学素养在学生与情境、问题的有效互动中得到提升。情境主要是指现实情境、数学情境、科学情境、文化情境，问题是指在情境中提出的数学问题。其中的科学情境，就需要跨学科意识和思维来创设。这方面值得进一步探讨的问题还有很多，比如，如何通过学科的交叉、融合实现科学情境的多样化，如何通过典型案例描述科学情境的特征、类型与水平，如何通过互联互通的学科情境整体提升学生的综合素养、培养学生的科学精神，如何利用多样化学科情境问题引发跨学科思维。

跨学科思维的关键是"跨"，这需要跳出原有的思维束缚，多角度、多方位思考问题。教师可以引导学生从特定数学知识点出发，展开发散思维：一是要求学生具有敏锐的数学眼光，尤其是在没有数学的场合发现数学；二是展开发散思维，有意识地将数学的触觉由一点引向多点；三是善于运用迁移、联想、类比、逆变等多种方法，多向关联，从不同角度引申、拓展特定的问题。例如，教师可以从数学坐标这一知识点出发，引导学生思考能关联出哪些学科领域的实例。学生思维一展开，就会有丰富的发现，例如，地理（地图、经线与纬线），物理（运动及受力分析、波的图象），化学（元素周期表、空间原子坐标），生物（生物坐标曲线图、群落分布），医学（心电图），天文（日历），历史（编年表、考古遗址发现），音乐（五线谱），美术（景物缩放、环境设计），体育（球员对抗位置分析），管理（区域布局、网格管理），数字化（二维码），生活（棋盘、钟表、生日、景区导览图）等之中涉及了平面坐标、球面坐标、空间坐标、极坐标，以及具体的时间坐标、音符坐标等。

【案例 2.52】

试题

被誉为"中国天眼"的世界上最大的单口径球面射电望远镜 FAST 的反射面总面积相当于 35 个标准足球场的总面积。已知每个标准足球场的面积为 7 140 m^2，则 FAST 的反射面总面积约为（　　　）。

（A）7.14×10^3 m^2　　　　　　　　（B）7.14×10^4 m^2

（C）2.5×10^5 m^2　　　　　　　　（D）2.5×10^6 m^2

本题多维细目表如表 2-27 所示。

表 2-27　案例 2.52 多维细目表

1	试题类型	选择题
2	试题分值	3分

续表

3	题干	略
4	题干的特征	需要进行数量计算后用科学记数法表达
5	解答过程	$35 \times 7\,140 = 249\,900$； $249\,900 \approx 2.5 \times 10^5$； 故选 C
6	解答思路	计算 FAST 的反射面总面积后用科学记数法表示
7	涉及知识要素	数与代数、有理数乘法、科学记数法
8	考查的核心内容	科学记数法、估算
9	考查的核心能力	数学运算、数据分析
10	误解的构想	直接将 7 140 表示为科学记数法或运算错、数错位数
11	预估难度	0.72
12	预估区分度	中

试题评析

本题目对于科学记数法的考查方向与以往不同，重视实际问题中需要计算的情况，既加强了数学的实用性考查，又体现了学生估算的数据分析观念和应用意识等数学素养。

(三)文化情境设计

数学文化博大精深，体现了数学的形成与发展所蕴含的理性精神，对人类生活起着重要作用。数学作为一种文化，对人类的思维有着深刻的影响，又能促进人类的身心和谐发展，这体现了其人文价值；其应用价值更是从传统数学到现代技术，广泛体现。不仅如此，数学文化更赋予我们感受美，欣赏美，鉴别美和创造美的独特视角。命题者在编制数学应用题时，可以选择传统文化情境与地域文化情境。

【案例 2.53】

试题

《孙子算经》是中国古代重要的数学著作之一。其中记载的"百鹿入城"问题很有趣。原文如下：今有百鹿入城，家取一鹿不尽，又三家共一鹿适尽，问城中家几何？

大意为：现在有 100 头鹿进城，每家领取一头后还有剩余，剩下的鹿每三家分一头，则恰好取完。问城中一共有多少户人家？

本题多维细目表如表 2-28 所示。

表 2-28　案例 2.53 多维细目表

1	试题类型	解答题
2	试题分值	5 分
3	题干	略
4	题干的特征	以《孙子算经》为题目背景，用译文的方式给出了题目的完整表述
5	解答过程	解：设城中一共有 x 户人家； 依题意，得 $x+\dfrac{1}{3}x=100$； 解得 $x=75$。 答：城中一共有 75 户人家
6	解答思路	首先设城中一共有 x 户人家，然后根据信息可以得到： x 头鹿＋每三家分一头鹿＝100 头鹿。最后根据等量关系列出方程，并求解方程
7	涉及知识要素	一元一次方程
8	考查的核心内容	一元一次方程
9	考查的核心能力	数学建模、数学运算
10	误解的构想	会把每三家分一头鹿认为是 $3x$，因此错误解答如下： 解：设城中一共有 x 户人家； 依题意，得 $x+3x=100$； 解得 $x=25$。 答：城中一共有 25 户人家
11	预估难度	0.89
12	预估区分度	低

试题评析

　　《孙子算经》作为我国古代数学重要著作之一，通过算术方法来解决生产生活中遇到的实际问题。本题将算术方法进行符号化和代数化，构建方程模型，体现了代数方法在解决问题时的优越性。通过背景材料的阅读，学生了解我国古代数学的成就，体会数学文化的源远流长。

　　应用题思维容量大，又有较好的区分功能，能全面考查学生的各项能力。在命制此类试题时，命题者往往会特别关注试题的内容与情境。需要指出的是，在创设问题情境时，命题者不能仅仅关注问题背景的新颖或别致，更要注意密切联系生活，考虑到学生的生活体验和学习经验，精准把握问题的切入点，激发学生对问题的探究兴趣，真正做到真实、可操作，给学生留足多种解决问题的角度。此外，建议命题者在编选问题背景素材时，尽可能不直接涉及高中数学课程中的内容，以免对今后初中教学形成新的误导，尽可能采用学生熟悉的情境，不因为情境的陌生造成"数学"以外的难点。

试题的表述要科学、严谨，符合规范。这对于中考数学命题来说，其实有一定的挑战性，毕竟受测对象只是刚接近完成义务教育的 15 岁左右的学生，他们的认知心理、生活经验、理解水平等都与成年人存在着不小的差异。而一些基于科学或社会的问题情境可能会涉及某些学术化的界定，一些基于生活场景的问题情境则又不易于清晰表述。为此，命题者不可避免地会面对如何把握可读性和严谨性之间的"度"的问题。

为此，在日常教学中，建议教师更多地开展基于应用性试题特征的数学活动，丰富学生对各类问题情境的关注和认识，并引导学生逐步学会在新情境中主动发现并提出问题。同时，教师要通过有效的教学策略引导学生更好地把握数学学习的一般过程和典型方法，体会数学知识之间、数学知识与其他学科知识之间的密切联系，增强实践能力，感悟数学的价值，为学生的核心素养持续良性地发展打下坚实的基础。

总之，试题情境的创设，既要为提高试题质量提供技术保障，也要为实现价值引领、素养导向、能力为重、知识为基的命题理念提供方法保障。在创设试题情境时，命题者应多结合社会现实，反映数学应用的广阔领域，体现数学文化和数学应用的领域，回归学生发展，回归数学本质，回归教育规律，回归实际背景。情境材料所隐含的知识与方法，必须与试题的考查内容、考查要求相一致；情境的设置和对学生解题思路的预设应当符合中学生实际的认知水平，使学生能够应用所学知识对题干内容进行深层挖掘和分析，使其作答能够体现分析和解决问题的思维过程，使数学的重点知识、技能方法成为学生分析、解答问题的有效工具，培养学生灵活运用所学知识解决各类问题的良好思维习惯，为其今后的成长和发展提供智力支持。

二、数学学科考试应用题的能力立意

(一)数学阅读能力

数学阅读是指一种从书面数学语言中获得意义的心理活动过程，其中包含感知、理解、记忆等一系列心理活动以及分析、综合、推理、判断、归纳、演绎等一系列思维活动的总和。而数学阅读能力指能顺利完成数学阅读任务的复杂心理特征的总和，其中包括对已学的数学概念、问题、符号、方法和证明在阅读的新情境中的重视的能力；对新情境中的数学语句进行分解和组合的能力；对新学的数学概念、问题、符号、方法和证明的理解和记忆的能力；用原有知识结构对新学的知识加以整合的能力。解决数学应用题学生首先要做好审题工作，通过阅读题目的实际生活背景，结合试题中的文字语言、图表语言，提取有效信息，为后续建立数学模型，将实际问题转化成数学问题提供思路。

【案例 2.54】

试题

如图 2-29 是某班甲、乙、丙三名同学最近 5 次数学成绩及班级相应平均数学成绩的折线统计图，则下列判断错误的是（　　　　）。

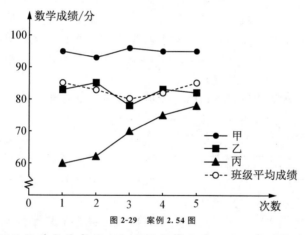

图 2-29　案例 2.54 图

（A）甲的数学成绩高于班级平均数学成绩，且比较稳定

（B）乙的数学成绩在班级平均数学成绩附近波动，且比丙好

（C）丙的数学成绩低于班级平均数学成绩，但逐次提高

（D）就甲、乙、丙三个人而言，乙的数学成绩最不稳定

本题多维细目表如表 2-29 所示。

表 2-29　案例 2.54 多维细目表

1	试题类型	选择题
2	试题分值	3 分

续表

3	题干	略
4	题干的特征	根据甲、乙、丙最近 5 次数学成绩和班级平均数学成绩制作的折线图，通过数据及统计量提取信息
5	选择支	略
6	选择支的预想	通过对比甲、乙、丙的数学成绩与班级平均数学成绩，并观察数据的波动性，推断数据的稳定性
7	解答过程	选项 A：通过统计图，可以看出甲的 5 次数学成绩均高于班级平均数学成绩，还可以看出甲的数学成绩的方差较小，确定甲的数学成绩稳定； 选项 B：通过统计图，可以看出乙的 5 次数学成绩均与班级平均数学成绩相近，还可以看出乙的 5 次数学成绩均高于丙； 选项 C：通过统计图，可以看出丙的 5 次数学成绩低于班级平均数学成绩，但是可以看成每次成绩都比前一次高，可以判断出丙的数学成绩在进步； 选项 D：通过统计图，可以推测出丙的数学成绩的方差明显大于甲与乙，说明丙的数学成绩最不稳定。 故本题选 D
8	解答思路	首先通过观察统计图，对比甲、乙、丙三位同学最近 5 次数学成绩与班级平均数学成绩，然后通过看方差的大小确定出数据的稳定性
9	涉及知识要素	折线图、平均数、方差
10	考查的核心内容	折线图、方差
11	考查的核心能力	阅读图表的能力
12	预估难度	0.90
13	预估区分度	低

试题评析

　　本题以折线统计图来呈现数据，意在考查学生阅读统计图表和运用统计数据说理的能力，题目以自然语言、图形语言、符号语言表示甲、乙、丙三名同学最近 5 次数学成绩及其所在班级相应平均数学成绩的相关信息，并要求学生根据相关信息对三位同学的数学成绩做出判断和评价。这样的命题立意与《课程标准（2022 年版）》对统计的教学要求是一致的。并且本题以具有实际背景的真实数据为基础，营造了一种良好的统计氛围，让学生从阅读图表的过程中提取信息并进行简单的推断，且能以多种的、充分的理由支持自己的观点，这样能让学生学会用统计的眼光看待问题，培养学生的数据分析观念与阅读能力。

(二)数学抽象能力

在解决应用题时，学生需要从题目的具体情境中抽象出数学问题，用数学符号建立数学模型，比如利用方程、不等式、函数等表示数学问题中的数量关系和变化规律，求出结果并讨论结果的意义。而建立数学模型也就是将问题进行数学抽象，用数学语言表达问题。

数学教学的最终目标是要让学生会用数学的眼光观察现实世界，会用数学的思维思考现实世界，会用数学的语言表达现实世界。

【案例 2.55】

试题

随着中国传统节日端午节的临近，东方红商场决定开展"欢度端午，回馈顾客"的让利促销活动，对部分品牌粽子进行打折销售，其中甲品牌粽子打八折，乙品牌粽子打七五折。已知打折前，买 6 盒甲品牌粽子和 3 盒乙品牌粽子需 660 元；打折后，买 50 盒甲品牌粽子和 40 盒乙品牌粽子需 5 200 元。

（1）打折前甲、乙两种品牌粽子每盒分别为多少元？

（2）阳光敬老院需购买甲品牌粽子 80 盒，乙品牌粽子 100 盒。问打折后购买这批粽子比不打折节省了多少钱？

本题多维细目表如表 2-30 所示。

表 2-30　案例 2.55 多维细目表

1	试题类型	解答题
2	试题分值	9 分
3	题干	略
4	题干的特征	本题以学生熟悉的端午节为试题情境，通过甲、乙两种品牌粽子打折前、后的价格为等量关系进行试题描述
5	解答过程	解：（1）设打折前甲、乙两种品牌粽子每盒分别为 x，y 元。根据题意，得 $\begin{cases} 6x+3y=660, \\ 50\times0.8x+40\times0.75y=5\,200; \end{cases}$ 解方程组，得 $\begin{cases} x=70, \\ y=80. \end{cases}$ 故打折前甲品牌粽子每盒 70 元，乙品牌粽子每盒 80 元。（2）打折后，甲品牌粽子每盒为 $70\times0.8=56$ 元，乙品牌粽子每盒为 $80\times0.75=60$ 元；$\therefore 80\times(70-56)+100\times(80-60)=1\,120+2\,000=3\,120$ 元；故打折后购买这批粽子比不打折节省了 3 120 元

续表

6	解答思路	首先设打折前甲、乙两种品牌粽子每盒分别为 x，y 元，然后根据信息可以得到： 打折前，6 盒甲品牌粽子的价格＋3 盒乙品牌粽子的价格＝660； 打折后，甲品牌粽子价格变成 $0.8x$，乙品牌粽子价格变成 $0.75x$； 并且 50 盒甲品牌粽子的价格＋40 盒乙品牌粽子的价格＝5 200； 最后根据等量关系列出方程，并求解方程
7	涉及知识要素	二元一次方程组
8	考查的核心内容	二元一次方程组
9	考查的核心能力	数学抽象、数学阅读、数学运算
10	误解的构想	学生忽视了打折后甲、乙两种品牌粽子单价的变化，因此错误解答如下： 解：设甲、乙两种品牌粽子每盒分别为 x，y 元； 依题意，得 $\begin{cases} 6x+3y=660, \\ 50x+40y=5\ 200 \end{cases}$
11	预估难度	0.89
12	预估区分度	低

试题评析

本试题很好地体现了数学来源于生活，又服务于生活的理念，以学生熟悉的生活题材为背景，引导学生关注社会的热点话题，培养学生学以致用，用数学解决问题的意识。在解决问题时，需要从题目的具体情境中抽象出数学问题，建立二元一次方程组解决问题。题目设计从日常生活出发，让学生发现数学问题，提炼数学模型，培养学生抽象的能力与应用数学知识解决实际问题的意识。

（三）数学推理能力

推理能力是《课程标准（2022 年版）》提出的核心素养的主要表现之一。有条理性和逻辑性，观点鲜明，论据充分，能在复杂情境中认识到事物之间的关联，逻辑交流等都是推理能力的集中体现，所以核心素养的发展需要更多思维上、行为上的培养，应用类试题需要学生在复杂的情境下抽象出数学问题，再运用所学数学知识解决问题，其间对推理能力的要求是很高的。

在数学学科应用题的解决过程中，总结、延伸和运用数量关系的过程，实质是归纳、类比、演绎推理的过程。注重数量关系的总结、延伸和运用的思维过程的教学，不仅是提高学生解答应用题能力的需要，也是培养学生初步的推理能力的需要。

【案例 2.56】

试题

　　甲、乙、丙三人进行乒乓球单打训练，每局两人进行比赛，第三个人做裁判，每一局都要分出胜负，胜方和原来的裁判进行新一局的比赛，输方转做裁判，如此循环往复。半天训练结束时，发现甲共当裁判 4 局，乙、丙分别打了 9 局、14 局比赛，在这半天的训练中，甲、乙、丙三人共打了＿＿＿＿＿＿局比赛，其中第 7 局比赛的裁判是＿＿＿＿＿＿。

　　本题多维细目表如表 2-31 所示。

表 2-31　案例 2.56 多维细目表

1	试题类型	填空题
2	试题分值	2 分
3	题干	略
4	题干的特征	以生活实际为背景命题，贴合学生生活经验
5	解答过程	∵甲共当裁判 4 局， ∴乙、丙之间打了 4 局， 又乙、丙分别打了 9 局、14 局比赛， ∴乙与甲打了 9－4＝5（局）， 丙与甲打了 14－4＝10（局）， ∴甲、乙、丙三人共打了 4＋5＋10＝19（局）， 又丙与甲打了 10 局， ∴乙当裁判 10 局， 而从 1 到 19 共 9 个偶数、10 个奇数， ∴乙当裁判的局为奇数局， ∴第 7 局比赛的裁判是乙。 故答案为：19，乙
6	解答思路	先确定出乙、丙之间打了 4 局，乙与甲打了 5 局，丙与甲打了 10 局，进而确定出三人一共打的局数和乙当裁判的局数，即可得出结论
7	涉及知识要素	推理能力、有理数运算
8	考查的核心内容	推理能力
9	考查的核心能力	推理能力
10	误解的构想	没有分析清题目的条件与含义
11	预估难度	0.60
12	预估区分度	中

试题评析

本题以应用题为载体考查学生的推理能力。根据计数原理，奇数和偶数判断出总局数和乙当裁判的局数是解本题的关键。

(四)数学应用意识

随着核心素养理念的融入，中考数学命题的题型的考查偏重点也开始发生偏移，并非希望学生仅将从课堂上所学习到的知识记忆到脑海当中，而是希望他们能够运用这些知识来解决所遇到的问题，提高他们解决问题的能力。在以往的中考数学题型当中，应用题在设计上模型比较明确，学生解决问题的重点是如何选择对应的知识建立模型。

【案例 2.57】

试题

国家统计局统计数据显示，我国快递业务收入逐年增加。2017 年至 2019 年我国快递业务收入由 5 000 亿元增加到 7 500 亿元。设我国 2017 年至 2019 年快递业务收入的年平均增长率为 x，则可列方程为（　　　）。

（A）$5\ 000\ (1+2x)=7\ 500$

（B）$5\ 000 \times 2\ (1+x)=7\ 500$

（C）$5\ 000\ (1+x)^2=7\ 500$

（D）$5\ 000+5\ 000\ (1+x)+5\ 000\ (1+x)^2=7\ 500$

本题多维细目表如表 2-32 所示。

表 2-32　案例 2.57 多维细目表

1	试题类型	选择题
2	试题分值	3 分
3	题干	略
4	题干的特征	以生活实际问题为背景结合时事话题创设情境
5	解答过程	设我国 2017 年至 2019 年快递业务收入的年平均增长率为 x， ∵2017 年至 2019 年我国快递业务收入由 5 000 亿元增加到 7 500 亿元， 即 2019 年我国快递业务收入为 7 500 亿元， ∴可列方程：$5\ 000\ (1+x)^2=7\ 500$， 故选 C
6	解答思路	设我国 2017 年至 2019 年快递业务收入的年平均增长率为 x，根据增长率的定义即可列出一元二次方程

7	涉及知识要素	一元二次方程
8	考查的核心内容	实际问题与一元二次方程
9	考查的核心能力	模型思想、应用意识
10	误解的构想	对年平均增长率理解不清
11	预估难度	0.80
12	预估区分度	低

试题评析

此题主要考查一元二次方程的应用，解题的关键是根据题意找到等量关系得到方程。本题数量关系明显，学生能够比较清晰地分析出等量关系。

随着考查的角度向解决问题转变，教师需要培养学生从多个角度思考问题解决方案的习惯。为了凸显出对学生实际应用数学知识和解决问题能力的重视，在核心素养视角下的中考数学命题应该增添图文并茂、更加立体的题型模式，结合多个层面的数学知识模式的题型设计，能够显现出多样性，考查的形式也应该更加多变，不能让学生们对于客观题或者是非客观题形成刻板印象。命题者可以将当前的社会热点或者中学阶段学生比较关注的一些生活案例，融入中考数学命题当中，让学生能有更好的切入点，进而展开思考。

在数学学科应用题的解决过程中，不可忽视的问题就是对所得数学问题的解的检验，解答应用题的过程实质是依据已掌握的数量关系（大前提）和题中已知条件（小前提），进行由已知推出未知的演绎推理的过程。为防止学生单纯做题而忽视问题的应用价值，相关题目必须让学生对得到的结果是否为实际问题的解答，或者是否为最优化的结果做出检验。

【案例 2.58】

试题

某公园划船项目每小时收费标准如表 2-33 所示。

表 2-33　某公园划船项目每小时收费标准

船型	两人船（限乘两人）	四人船（限乘四人）	六人船（限乘六人）	八人船（限乘八人）
每船租金/（元·小时$^{-1}$）	90	100	130	150

　　某班 18 名同学一起去该公园划船，若每人划船的时间均为 1 小时，则租船的总费用最低为_____元。

　　本题多维细目表如表 2-34 所示。

表 2-34　案例 2.58 多维细目表

1	试题类型	填空题
2	试题分值	3 分
3	题干	略
4	题干的特征	以生活实际问题为背景，结合表格创设情境
5	解答过程	租用四人船、六人船、八人船各 1 艘，租船的总费用为 100＋130＋150＝380（元）， 故答案为 380
6	解答思路	分析题意可知，八人船最划算，其次是六人船，计算出总费用最低的租船方案即可
7	涉及知识要素	平均数、方案选择
8	考查的核心内容	平均数、统筹规划
9	考查的核心能力	模型思想、应用意识
10	误解的构想	算出两种方案费用都是 390 元时，没有进一步检验
11	预估难度	0.60
12	预估区分度	中

试题评析

　　这个问题明显是学生在日常生活中能够见到的问题，体现了对于平均数和建模能力的考查。主动应用数学，建立合理的思考方式，形成有效的数学模型从而解决实际问题都是对数学应用意识的考查。

三、数学学科考试应用题的核心素养指向

(一)指向抽象能力核心素养的应用题

　　数学抽象是指通过对数量关系与空间形式的抽象，得到数学研究对象的素养。主要包括：从数量与数量关系、图形与图形关系中抽象出数学概念及概念之间的关系；从事物的具体背景中抽象出一般规律和结构，并用数学语言予以表征。在面对应用题时，考生需要在情境中抽象出数学概念、命题、方法和体系，将问题转化为数学问题来解决。

　　数学抽象是数学的基本思想，是形成理性思维的重要基础，反映了数学的本质特征，贯穿在数学产生、发展、应用的过程中。数学抽象主要包

括两个方面：一是数量与数量关系的抽象。人们把现实生活中的各种"量"抽象为数，形成自然数，并且用数字符号和数位表示，得到了自然数集。在现实生活中，数量关系的核心是多与少，人们又把这种关系抽象到数学内部，变成数的大与小，后来又把大小关系推演为更一般的次序关系。二是图形与图形关系的抽象。现实世界中的物体的形状都是复杂的，几何学研究的对象，如点、线、面等都是将复杂形状进行抽象概括的产物。

数学抽象的第一阶段是基于现实的。人们通过对现实世界中的数量与数量关系、图形与图形关系的抽象，得到了数学的基本概念。这些基本概念包括：数学研究对象的定义、刻画研究对象关系的术语和计算方法。这种基于现实的抽象是从感性具体上升到理性具体的思维过程。随着数学研究的深入，人们就要进行第二阶段的抽象，这个阶段的抽象是基于逻辑的。人们通过第二阶段的抽象，合理解释了那些通过第一阶段抽象已经得到了的数学概念以及概念之间的关系。第二阶段抽象的特点是符号化、形式化和公理化。这是从理性具体上升为理性一般的思维过程。而正是因为具有了理性一般，数学才具有广泛的应用性。

【案例 2.59】

试题

某校为落实《教育信息化 2.0 行动计划》，搭建数字化校园平台，需要购买一批电子白板和平板电脑。若购买 2 台电子白板和 6 台平板电脑共需 9 万元；购买 3 台电子白板和 4 台平板电脑共需 11 万元。

（1）求电子白板和平板电脑的单价各是多少万元？

（2）结合学校实际，该校准备购买电子白板和平板电脑共 100 台，其中电子白板至少购买 6 台且不超过 24 台。某商家给出了两种优惠方案，方案一：电子白板和平板电脑均打九折；方案二：买 1 台电子白板，送 1 台平板电脑。若购买电子白板 a（单位：台）所需的费用为 W（单位：万元），请根据两种优惠方案分别写出 W 关于 a 的函数关系式，并分析该校应选用哪种优惠方案购买更省钱。

本题多维细目表如表 2-35 所示。

表 2-35　案例 2.59 多维细目表

1	试题类型	解答题
2	试题分值	10 分

续表

3	题干	略
4	题干的特征	本题以因搭建数字化校园平台，某校购买一批电子白板和平板电脑为试题情境，通过电子白板与平板电脑的价格为等量关系进行试题描述
5	解答过程	解：（1）设电子白板的单价是 x 万元，平板电脑的单价是 y 万元。 根据题意，得 $\begin{cases} 2x+6y=9, \\ 3x+4y=11, \end{cases}$ 解得 $\begin{cases} x=3, \\ y=0.5, \end{cases}$ 答：电子白板和平板电脑的单价分别是 3 万元和 0.5 万元。 （2）方案一：$W_1=3\times0.9a+0.5\times0.9(100-a)$， $W_1=2.25a+45$； 方案二：$W_2=3a+0.5(100-2a)$， $W_2=2a+50$。 当 $W_1>W_2$，即 $2.25a+45>2a+50$，解得 $a>20$， ∵ 电子白板不超过 24 台， ∴ 当 $20<a\leq24$ 时，选择方案二更省钱； 当 $W_1=W_2$，即 $2.25a+45=2a+50$，解得 $a=20$， ∴ 当 $a=20$ 时，选择方案一或方案二； 当 $W_1<W_2$，即 $2.25a+45<2a+50$，解得 $a<20$， ∵ 电子白板至少购买 6 台， ∴ 当 $6\leq a<20$ 时，选择方案一更省钱
6	解答思路	首先设电子白板的单价是 x 万元，平板电脑的单价是 y 万元，然后根据信息可以得到： 2 台电子白板价格+6 台平板电脑价格=9； 3 台电子白板价格+4 台平板电脑价格=11。 最后根据等量关系列出方程，并求解方程
7	涉及知识要素	二元一次方程组、一元一次不等式
8	考查的核心内容	二元一次方程组
9	考查的核心能力	数学抽象、数学运算
10	误解的构想	忽略了电子白板至少购买 6 台且不超过 24 台的条件
11	预估难度	0.85
12	预估区分度	低

试题评析

本题考查学生基本技能的掌握情况，如二元一次方程组的解法：代入消元法和加减消元法。而且本题以落实《教育信息化 2.0 行动计划》搭建数字化校园平台这一信息为情境，关注学科发展前沿动态，反映学科知识在形成、应用过程中的综合、多元、复杂等因素，检验学生能否根据具体问题中的情境抽象出数量关系列出方程。用二元一次方程组表示数学问题中的数量关系是建模最重要的一个环节，并且本题在解决问题的过程中，将函数、方程、不等式进行有机的结合，体现了知识之间的内在联系，并且引导学生从不同角度思考问题。

(二)指向推理能力核心素养的应用题

推理有两类，即从特殊到一般的推理（主要有归纳、类比两种推理形式），以及从一般到特殊的推理（主要的推理形式为演绎），两种推理相辅相成。

在数学教学中，推理应贯穿于始终，渗透于各个内容、各个阶段之中。素养的提升不可能一蹴而就，需要一个长期的、有意识的、循序渐进的培养过程。例如，平面几何的学习一直被认为是发展学生逻辑推理能力的主阵地，但实际教学通常过多地关注了抽象思维的培养，而忽视了形象思维，教学的模式主要是快速推出定理、阐述定理的要点和作用并应用定理进行大量练习。立足于逻辑推理素养的教学应该提供给学生丰富的实例、各种几何图形，让学生在画图、折纸等活动中，充分感知、发现、观察、归纳、类比，提出相关命题，再进行严格证明。这不仅能让学生学会合情推理与演绎推理的基本形式，也是发展学生几何直观、空间想象能力的过程。

数学的发展依赖的是逻辑推理。一般化与特殊化既是推理的两个方向，也是数学思想方法。一般化是从对象的一个给定集合进而考虑到包含这个给定集合的更大集合。特殊化是从对象的一个给定集合转而考虑那些包含在这个集合内的较小的集合。数学知识的发现、证明和应用就是在特殊与一般的相互转化中完成的。例如，从一个一般的三角形出发，将其特殊化可以得到等腰三角形、等边三角形、直角三角形；将其一般化可以得到多边形；采用类比的方法可以得到四面体。又如，通过对大量指数函数图象进行观察，归纳得出指数函数的单调性，再利用其比较两个实数的大小，就是由特殊到一般，再由一般回到特殊的典型方式。

数学在形成人的理性思维、科学精神和促进个体智力发展的过程中发挥着不可替代的作用，逻辑推理在其中起核心作用。而善于抽象，思维有条理，语言富于逻辑性，能算会证，具有一定空间感等，是大家比较公认的反映在学习数学的人身上的特征。

数学是按公理体系来建立自己的知识体系的，这个过程主要依靠的是逻辑推理。教师可以通过数学课程的教学，利用推理的两种形式，创设合乎逻辑的情境，提出恰当的问题，启发学生有条理、富有逻辑性的思考，从思维品质的层面培养学生的逻辑推理素养。

可见，应用题的命制与考查是对逻辑推理的更高要求，它不再是从数学本身出发的逻辑体系，而是要求学生能够从实际问题中抽象出数学问题，能够对量与量的关系进行初步分析，建立数学模型后通过运算和推理解决问题，这对学生的数学素养有了更高的要求。

【案例 2.60】

试题

小云计划户外徒步锻炼，每天有"低强度""高强度""休息"三种方案，表 2-36 对应了每天不同方案的徒步距离（单位：km）。若选择"高强度"要求前一天必须"休息"（第一天可选择"高强度"）。则小云 5 天户外徒步锻炼的最远距离为_____ km。

表 2-36　每天不同方案的徒步距离

日期	第一天	第二天	第三天	第四天	第五天
低强度	8	6	6	5	4
高强度	12	13	15	12	8
休息	0	0	0	0	0

本题多维细目表如表 2-37 所示。

表 2-37　案例 2.60 多维细目表

1	试题类型	填空题
2	试题分值	2 分
3	题干	略
4	题干的特征	以生活实际为背景，结合表格数据统计呈现数量关系，命题贴合学生生活经验

5	解答过程	解：如果第二天和第三天选择低强度，则距离为 6＋6＝12 km， 如果第三天选择高强度，第二天必须休息，则距离为 15 km， ∵12＜15， ∴第二天休息，第三天选择高强度， 如果第四天和第五天选择低强度，则距离为 5＋4＝9 km， 如果第五天选择高强度，第四天必须休息，则距离为 8 km， ∵9＞8， ∴第四天和第五天选择低强度， 为保持最远距离，则第一天为高强度， ∴最远距离为 12＋0＋15＋5＋4＝36 km， 故答案为 36
6	解答思路	如果第二天和第三天选择低强度，则距离为 6＋6＝12 km，而如果第三天选择高强度的话，距离为 15 km，所以可得第二天休息，第三天选择高强度，如果第四天和第五天选择低强度，则距离为 5＋4＝9 km，而如果第五天选择高强度的话，距离为 8 km，所以可得第四天和第五天选择低强度，为保持最远距离，则第一天为高强度，据此可得答案
7	涉及知识要素	逻辑推理、有理数运算
8	考查的核心内容	逻辑推理
9	考查的核心能力	逻辑推理
10	误解的构想	没有分析清题目的条件与含义
11	预估难度	0.60
12	预估区分度	中

试题评析

本题主要考查了推理论证、有理数的加法及有理数的大小比较。正确理解题意，准确读取信息，进行方案的对比是解题的关键。本题目中条件彼此制约，又在表格中呈现，因此对学生而言准确分析和推理是解题的必要环节。

(三)指向运算能力核心素养的应用题

数学离不开运算，数学运算既是解决数学问题的基本手段，也是构成数学抽象结构的基本要素；数学运算是演绎推理，是得到数学结果的重要手段，也是用计算机解决问题的基础。现代科技的发展也离不开数学与数学运算，例如，航空、航天、航海、通信（如 5G 通信）、人工智能、材料（如芯片）、环境、气象等各领域都需要数学运算解决相关问题。

在数学运算解决问题的过程中，对问题情境、条件的理解和明晰需要对相应概念知识的分析转化，这与数学思维密切相关；对解决问题的思路分析以及对运算的选择、对运算思路的探究都要以数学思维为支撑；同时，运算步骤、过程的正确展开，还与运算的条理、习惯以及书写表达的规范和认真细致、严谨求实的态度紧密相关，因而这些品质都应在运算过程中得到培养与提升。可见，学生运算素养的形成可以促进学生逻辑推理素养的协调发展，也可以促进一些相关思维品质的形成，还可以促进一丝不苟、严谨求实的科学精神的养成。

应用题有助于学生在综合的情境中转化问题、明晰算理、优化算法、解决复杂问题。综合就是把不同种类、不同性质的事物组合在一起，它与"分析"相对，是思维把事物的各个部分联结成一个整体加以考查的方法。辩证逻辑把分析与综合看作认知过程中相互联系着的两个方面，把它们作为一种统一的思维方法。

正是由于数学运算具有综合性、层次性，所以运算思路是数学运算得以正确实施的关键。不同的运算思路反映着不同层次的运算思维，在综合的情境中，发现蕴含的数学问题，将之转化为运算问题，选择恰当的运算法则，对运算方法进行优化，选择运算步骤少、变形简单、运算量小的最佳解题方案，有利于求得正确的运算结果。这也是《课程标准（2022 年版）》对运算能力的要求。

【案例 2.61】

试题

某商家需要更换店面的瓷砖，商家打算用 1 500 元购买彩色和单色两种地砖进行搭配，并且把 1 500 元全部花完。已知每块彩色地砖 25 元，每块单色地砖 15 元，根据需要，购买的单色地砖数要超过彩色地砖数的 2 倍，并且单色地砖数要少于彩色地砖数的 3 倍，那么符合要求的一种购买方案是_____。

本题多维细目表如表 2-38 所示。

表 2-38　案例 2.61 多维细目表

1	试题类型	填空题
2	试题分值	2 分
3	题干	略

4	题干的特征	以生活实际为背景，问题并没有直接指向所求，需要学生自己建立模型解决问题
5	解答过程	解：设购买 x 块彩色地砖，购买 y 块单色地砖，则 $25x + 15y = 1\,500$， $\therefore y = \dfrac{1\,500 - 25x}{15} = 100 - \dfrac{5}{3}x$，……………………（1） 又已知 $2x < y < 3x$， $\therefore \begin{cases} 100 - \dfrac{5}{3}x < 3x, \\ 100 - \dfrac{5}{3}x > 2x。 \end{cases}$ 解得 $\dfrac{300}{14} < x < \dfrac{300}{11}$， 又 x 为正整数，且 $\dfrac{300}{14} \approx 21.4$，$\dfrac{300}{11} \approx 27.3$， $\therefore x = 22,\ 23,\ 24,\ 25,\ 26,\ 27$； 由（1）式中，$x$，$y$ 均为正整数， $\therefore x$ 必须是 3 的倍数， $\therefore x = 24$ 或 $x = 27$， 当 $x = 24$ 时，单色砖的块数为 $\dfrac{1\,500 - 24 \times 25}{15} = 60$； 当 $x = 27$ 时，单色砖的块数为 $\dfrac{1\,500 - 27 \times 25}{15} = 55$； 故符合要求的购买方案为：购买 24 块彩色地砖，60 块单色地砖；或购买 27 块彩色地砖，55 块单色地砖
6	解答思路	设购买 x 块彩色地砖，y 块单色地砖，由题意得到 $2x < y < 3x$，再根据总费用为 1 500 元，且 x，y 均为正整数，将 y 用 x 的代数式表示，然后解一元一次不等式组即可求解
7	涉及知识要素	模型思想、一元一次不等式组
8	考查的核心内容	一元一次不等式组、数学运算
9	考查的核心能力	模型思想、数学运算
10	误解的构想	思考不充分，不等关系分析不全，或者没有进行检验
11	预估难度	0.60
12	预估区分度	高

试题评析

本题考查了一元一次不等式的实际应用，本题的关键点是将单色砖的块数用彩色砖的块数的代数式表示，进而解不等式组，需要检验不等式的解并注意考虑解为正整数的情况。

(四)指向综合与实践的应用题

近年，中考试卷中的综合与实践类试题往往是整卷的亮点，这标志着课程改革理念逐步落地，课程标准、教学与评价趋于一致。尽管各地区在命题中对怎样更好地进行综合与实践领域的检测与评价有着不尽相同的理解与认识，但是通过对各地中考试卷的研究我们可以发现，综合与实践类试题已经作为评价学生学习数学创新意识与实践能力的重要载体，对考查数学思考，问题解决以及情感、态度与价值观等多维度数学课程目标的达成开展了诸多有益的尝试，并形成了不少值得借鉴的命题经验。

《课程标准（2022 年版）》中指出，综合与实践并不聚焦于具体知识的掌握，而是更关注在具体研究过程中，让学生积累数学活动的经验并发展核心素养，注重综合性，落实实践性，凸显问题性。综合与实践以问题解决为导向，整合数学与其他学科的知识和思想方法，让学生从数学的角度观察与分析、思考与表达、解决与阐释社会生活以及科学技术中遇到的现实问题，感受数学与科技、经济、艺术等领域的融合，积累数学活动经验，体会数学的科学价值，提高发现与提出问题、分析与解决问题的能力，发展应用意识、创新意识和实践能力。

根据《课程标准（2022 年版）》，初中阶段综合与实践内容的具体要求如下。

（1）在社会生活和科学技术的真实情境中，结合方程与不等式、函数、图形的变化、图形与坐标、抽样与数据分析等内容，经历现实情境数学化，探索数学关系、性质与规律的过程，感悟如何从数学的角度发现问题和提出问题，逐步形成会用数学的眼光观察现实世界的核心素养。

（2）用数学的思维方法，运用数学与其他相关学科的知识，综合地、有逻辑地分析问题，经历分工合作、试验调查、建立模型、计算反思、解决问题的过程，提升思维能力，逐步形成会用数学的思维思考现实世界的核心素养。

（3）用数学的语言，将现实问题转化为数学问题，经历用数学方法解决问题的过程，感悟科学研究的过程与方法，感受数学在与其他学科融合中所彰显的功效，积累数学活动经验，逐步形成会用数学的语言表达现实世界的核心素养。

综合与实践类试题一般有两类特征：一是综合不同模块的数学知识，结合新颖的问题情境，形成新的"综合"或"实践"的生长点，构成数学问题；二是通过创设问题情境，将数学学科与其他学科的知识相关联构成问题，体现数学知识与方法更广泛、更综合的运用。此类试题帮助学生适度突破已有的知识和经验，跨领域进行自主探究，提高问题解决的能力。

【案例 2.62】

试题

如图 2-30（a）所示，位于河南省登封市境内的元代观星台，是中国现存最早的天文台，也是世界文化遗产之一。

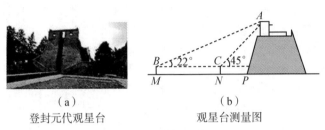

（a）	（b）
登封元代观星台	观星台测量图

图 2-30　案例 2.62 图

某校数学社团的同学们使用卷尺和自制的测角仪测量观星台的高度。如图 2-30（b）所示，他们在地面一条水平步道 MP 上架设测角仪，先在点 M 处测得观星台最高点 A 的仰角为 $22°$，然后沿 MP 方向前进 16 m 到达点 N 处，测得点 A 的仰角为 $45°$。测角仪的高度为 1.6 m。

（1）求观星台最高点 A 距离地面的高度（结果精确到 0.1 m。参考数据：$\sin 22° \approx 0.37$，$\cos 22° \approx 0.93$，$\tan 22° \approx 0.40$，$\sqrt{2} \approx 1.41$）；

（2）景点简介中提到，观星台的高度约为 12.6 m，请计算本次测量结果的误差，并提出一条减小误差的合理化建议。

本题多维细目表如表 2-39 所示。

表 2-39　案例 2.62 多维细目表

1	试题类型	解答题
2	试题分值	5 分
3	题干	略
4	题干的特征	以生活实际为背景，问题并没有直接指向所求，需要学生自己建立模型解决问题
5	解答过程	（1）如图，过点 A 作 $AE \perp MN$ 交 MN 的延长线于点 E，交 BC 的延长线于点 D，

		设 AD 的长为 x m， $\because AE \perp ME$，$BC /\!/ MN$， $\therefore AD \perp BD$，$\angle ADC = 90°$， $\because \angle ACD = 45°$， $\therefore CD = AD = x$ m，$BD = BC + CD =（16+x）$ m。 由题意得，四边形 $BMNC$ 为矩形， $\because AE \perp ME$， $\therefore$ 四边形 $CNED$ 为矩形， $\therefore DE = CN = BM = 1.6$ m， 在 Rt$\triangle ABD$ 中，$\tan\angle ABD = \dfrac{AD}{BD} = \dfrac{x}{16+x} = 0.40$， 解得 $x \approx 10.7$， 即 $AD = 10.7$ m，$AE = AD + DE = 10.7 + 1.6 = 12.3$ m。 答：观星台最高点 A 距离地面的高度为 12.3 m； （2）本次测量结果的误差为 $12.6 - 12.3 = 0.3$ m， 减小误差的合理化建议：多次测量，求平均值
6	解答思路	（1）过点 A 作 $AE \perp MN$ 交 MN 的延长线于点 E，交 BC 的延长线于点 D，根据条件证出四边形 $BMNC$ 为矩形、四边形 $CNED$ 为矩形、$\triangle ACD$ 与 $\triangle ABD$ 均为直角三角形。设 AD 的长为 x m，则 $CD = AD = x$ m，$BD = BC + CD =（16+x）$ m，在 Rt$\triangle ABD$ 中，可求得 AD 的长度，再加上 DE 的长度即可； （2）根据（1）中算的数据和实际高度计算误差，建议多次测量求平均值
7	涉及知识要素	解直角三角形的应用、几何推理证明
8	考查的核心内容	解直角三角形的应用、几何推理证明
9	考查的核心能力	模型思想、数学运算、逻辑推理、应用意识
10	误解的构想	无法正确利用三角函数值合理解决抽象出来的几何问题，或者在计算过程中出现错误
11	预估难度	0.65
12	预估区分度	高

试题评析

本题考查应用三角函数解决实际问题，需要学生从实际情境中抽象出几何关系，建立模型、求解模型、解决问题。本题不仅对学生三角形基础知识的掌握进行了考查，对学生的数学抽象、几何直观、逻辑推理、数学运算等数学核心素养也进行了考查。

本题的第（1）问考查了将实际生活现象抽象成几何图形，再结合图形的性质，运用三角函数、勾股定理等知识解决问题的能力。本题的第（2）

问有利于学生认识误差的客观存在，考查学生对实际操作过程的理解以及实际操作活动经验的积累。

试题情境体现了地域特色，通过古代科技文化的成就，有利于增强学生的民族自豪感，寓德育于试题中，渗透立德树人的教育价值。

四、数学学科考试应用题典型示例分析

(一)数与代数领域应用题典型示例分析

【案例 2.63】

试题

中国人最先使用负数，魏晋时期的数学家刘徽在其著作《九章算术注》中，用不同颜色的算筹（小棍形状的记数工具）分别表示正数和负数（红色为正，黑色为负）。如图 2-31（a）表示的是（+2）+（-2），根据这种表示法，可推算出图 2-31（b）所表示的算式是（　　）。

（A）（+3）+（+6）　　　　　　（B）（+3）+（-6）

（C）（-3）+（+6）　　　　　　（D）（-3）+（-6）

参考答案

B。

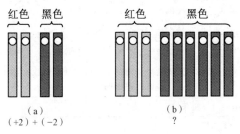

图 2-31　案例 2.63 图

试题评析

本题主要考查正负数的含义，解题的关键是理解正负数的含义。命题背景结合数学文化，激发学生民族自豪感，结合生活实际，体现正负数是刻画生活中具有相反意义的量，体会数学的实际意义。学生既可以根据描述解决问题，也可以依据图示进行分类探索。

【案例 2.64】

试题 1

2021 年 1 月 8 日，国家统计局局长就 2020 年全年国民经济运行情况答记者问，指出我国脱贫攻坚成果举世瞩目，5 575 万农村贫困人口实现脱贫。5 575 万＝55 750 000，用科学记数法将 55 750 000 表示为（　　）。

（A）$5\ 575 \times 10^4$ 　　　　　　　（B）55.75×10^5

（C）5.575×10^7 　　　　　　　（D）$0.557\ 5 \times 10^8$

参考答案

C。

试题 2

国家统计局、国务院第七次全国人口普查领导小组办公室于 2021 年 5 月 11 日发布，全国人口共 141 178 万人（14.117 8 亿人），141 178 万用科学记数法可表示为（　　）。

（A）$14.117\ 8 \times 10^8$ 　　　　　　（B）$141\ 178 \times 10^4$

（C）$1.411\ 78 \times 10^9$ 　　　　　　（D）$0.141\ 178 \times 10^{10}$

参考答案

C。

试题评析

两个题目均考查科学记数法，命题角度均以国家大事为情境。我国地大物博，人口基数和生产发展总量庞大，因此科学记数法是学生在今后生活中一定会面对的重要数学知识。解答问题的过程渗透着爱国主义教育，提升了学生作为中国人的自豪感，同时培养了学生的数感。

【案例 2.65】

试题

数学上有很多著名的猜想，"奇偶归一猜想"就是其中之一，它至今未被证明。但研究发现，对于任意一个小于 7×10^{11} 的正整数，如果是奇数，则乘 3 加 1；如果是偶数，则除以 2，得到的结果再按照上述规则重复处理，最终总能够得到 1。对任意正整数 m，按照上述规则，恰好实施 5 次运算结果为 1 的 m 所有可能取值的个数为（　　）。

（A）8 　　　　　（B）6 　　　　　（C）4 　　　　　（D）3

参考答案

D。

试题评析

本题目的命制以数学文化和本质为出发点设计情境，结合"奇偶归一猜想"对学生逻辑推理能力进行考查，让学生在代数知识的背景下体会逻辑。学生结合科学记数法以及有理数的混合运算，进行逆向验证是解决本题的关键。学生从第 5 次运算结果为 1 出发，按照规则，逆向逐项计算即可求出 m 的所有可能的取值。如果实施 5 次运算结果为 1，则变换中的第 6 项一定是 1，变换中的第 5 项一定是 2，变换中的第 4 项一定是 4，变换中的第 3 项可能是 1，也可能是 8，变换中的第 2 项可能是 2，也可能是 16。当变换中的第 2 项是 2 时，第 1 项是 4；当变换中的第 2 项是 16 时，第 1 项是 32 或 5。综上，则 m 的所有可能取值为 4 或 32 或 5，一共 3 个。

【案例 2.66】

试题

某市 2020 年的乡村振兴资金为 a 万元，比 2019 年增长了 $x\%$，计划 2021 年的增幅调整为上一年的 2 倍，则这 3 年的乡村振兴资金总额将达到（　　）。

（A）$a\,(3+3x\%)$ 万元　　　　（B）$a\left(\dfrac{1}{1-x\%}+2+2x\%\right)$ 万元

（C）$a\,(3+x\%)$ 万元　　　　（D）$a\left(\dfrac{1}{1+x\%}+2+2x\%\right)$ 万元

参考答案

D。

试题评析

本题结合乡村振兴考查了列代数式，能够让学生在解决问题的过程中体会用字母替代数的优越性，从具体运算向抽象思维过渡，帮助学生建立能够解决一类问题的意识。解题的关键是根据题意表示出 2019 年和 2021 年的乡村振兴资金。根据题意，学生分别表示出 2019 年的乡村振兴资金和 2021 年的乡村振兴资金，再求得这 3 年的乡村振兴资金总额即可。

【案例 2.67】

试题

图 2-32 是某剧场第一排座位的分布图。甲、乙、丙、丁四人购票，所购票数分别为 2，3，4，5。每人选座购票时，只购买第一排的座位相邻的票，同时使自己所选的座位之和最小。如果按"甲、乙、丙、丁"的先后顺序购票，那么甲购买 1，2 号座位的票，乙购买 3，5，7 号座位的票，丙

选座购票后，丁无法购买到第一排座位的票。若丙第一个购票，要使其他三人都能购买到第一排座位的票，写出一种满足条件的购票的先后顺序＿＿＿＿＿＿。

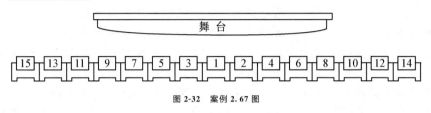

图 2-32　案例 2.67 图

参考答案

丙、丁、甲、乙。

试题评析

本题目命制结合学生生活实际，问题并不复杂，简化了实际观影购票的模型，仅仅在第一排进行考虑，根据甲、乙、丙、丁四人购票，所购票数分别为 2，3，4，5，可得若丙第一购票，要使其他三人都能购买到第一排座位的票，那么丙选择的座位号要尽可能小，因此丙先选择 1，2，3。丁所购票数最多，因此应让丁第二个购票，据此判断即可。知识载体仅仅考查了有理数的加法，但是如何分析图形结构，是否看到座位号排列的规律，都是对学生观察、分析、推理能力的进一步考查。本题指向了对于能力和素养的考查。

【案例 2.68】

试题

跳台滑雪是冬奥会比赛项目之一。运动员起跳后的飞行路线可以看作抛物线的一部分，运动员起跳后的竖直高度 y（单位：m）与水平距离 x（单位：m）近似满足函数关系 $y=ax^2+bx+c$（$a \neq 0$）。图 2-33 记录了某运动员训练时起跳后的 x 与 y 的三组数据，根据上述函数模型和数据，可推断出该运动员起跳后飞行到最高点时，水平距离为（　　）。

（A）10 m　　　　（B）15 m

（C）20 m　　　　（D）22.5 m

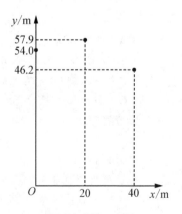

图 2-33　案例 2.68 图

参考答案

B。

试题评析

本题主要考查了二次函数的对称性，需要学生在阅读题目时，从题干提取找最高点就是求二次函数的顶点的信息，并且根据图像与生活实际相联系提取出抛物线的开口向下的信息。本题的试题背景为冬奥会跳台滑雪项目，具有很强的现实性，发展了学生的数学建模素养。本题因创设新的实际背景而增强了时代气息，同时也跳出繁杂的计算，将估算和二次函数图形的轴对称性相结合，运用函数相关知识从数与形的角度直接分析推断出二次函数的对称轴，体现了数学与社会生活的紧密联系。

【案例 2.69】

试题

小苏和小林在如图 2-34（a）所示的跑道上进行 4×50 米折返跑。在整个过程中，跑步者距起跑线的距离 y（单位：m）与跑步时间 t（单位：s）的对应关系如图 2-34（b）所示。下列叙述正确的是（　　　）。

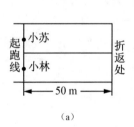
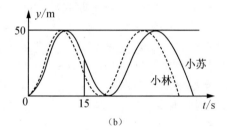

图 2-34　案例 2.69 图

（A）两人从起跑线同时出发，同时到达终点

（B）小苏跑全程的平均速度大于小林跑全程的平均速度

（C）小苏前 15 s 跑过的路程大于小林前 15 s 跑过的路程

（D）小林在跑最后 100 m 的过程中，与小苏相遇 2 次

参考答案

D。

试题评析

折返跑是学生非常熟悉的训练背景。此题考查了学生的应用意识，在此题中，学生需要结合函数图象，对实际问题进行分析，进一步体会数学的工具性作用。通过对图象的观察获得有效信息，分析图象中体现的速度、时

间、距离的变化规律是学生在初中阶段学习要具备的能力。在本案例的图象中，两人从起跑线同时出发，小林先到达终点，小苏后到达终点，小苏用的时间多，而路程相同，所以小苏跑全程的平均速度小于小林跑全程的平均速度；小苏前 15 s 跑过的路程小于小林前 15 s 跑过的路程；小林在跑最后 100 m 的过程中，两人相遇的次数，即实线与虚线相交的地方，由图象可知有 2 次。本案例的情境虽然贴合学生实际，但是图象并不是学生在初中阶段学习的具体函数图象，可见能够在解题的过程中把所学的知识学以致用、活学活用是本题考查的核心，直指能力。

【案例 2.70】

试题

某超市经销甲、乙两种品牌的洗衣液，进货时发现，甲品牌洗衣液每瓶的进价比乙品牌高 6 元，用 1 800 元购进甲品牌洗衣液的数量是用 1 800 元购进乙品牌洗衣液数量的 $\frac{4}{5}$。

（1）求两种品牌洗衣液的进价；

（2）销售时，甲品牌洗衣液的售价为 36 元/瓶，乙品牌洗衣液的售价为 28 元/瓶。若超市需要购进甲、乙两种品牌的洗衣液共 120 瓶，且购进两种洗衣液的总成本不超过 3 120 元，超市应购进甲、乙两种品牌洗衣液各多少瓶，才能在两种洗衣液完全售出后所获利润最大？最大利润是多少元？

参考答案

解：（1）设甲品牌洗衣液进价为 x 元/瓶，则乙品牌洗衣液进价为 $(x-6)$ 元/瓶，

由题意可得，$\dfrac{1\ 800}{x}=\dfrac{4}{5}\cdot\dfrac{1\ 800}{x-6}$，

解得 $x=30$，

经检验 $x=30$ 是原方程的解。

答：甲品牌洗衣液进价为 30 元/瓶，乙品牌洗衣液进价为 24 元/瓶；

（2）设利润为 y 元，超市购进甲品牌洗衣液 m 瓶，

则购进乙品牌洗衣液 $(120-m)$ 瓶，

由题意可得，$30m+24(120-m)\leqslant 3\ 120$，

解得 $m\leqslant 40$，

由题意可得，$y=(36-30)m+(28-24)(120-m)=2m+480$，

$\because 2>0$，$\therefore y$ 随 m 的增大而增大，

∴当 $m=40$ 时，y 取最大值，$y_{最大值}=2\times40+480=560$。

答：购进甲品牌洗衣液 40 瓶，乙品牌洗衣液 80 瓶时所获利润最大，最大利润是 560 元。

试题评析

本题命制的情境从生活中来，是学生每天都会接触到的问题。本题有机地将用字母表示数、方程、函数、运算整合在一起，考查分式方程的应用、一次函数的应用以及一元一次不等式的应用，解题的关键是灵活运用所学知识解决问题。本题从生活问题中抽象出数学问题，学生通过找到其中的数学模型，求出适合这个模型的数学解答并对其进行检验，得到实际问题的解决方案。本题使学生经历数学建模的全过程，加强对学生数学应用意识的考查和培养。

【案例 2.71】

试题

如图 2-35 是小明"探究拉力 F 与斜面高度 h 的关系"的实验装置，A 与 B 是水平面上两个固定的点，小明用弹簧测力计拉着重为 6 N 的木块分别沿倾斜程度不同的斜面 BC 向上做匀速直线运动，经测算，在弹性范围内，沿斜面的拉力 F（N）是高度 h（m）的一次函数。实验结果如图 2-35（a）、图 2-35（b）所示。

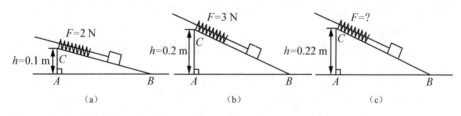

图 2-35　案例 2.71 图

（1）求出 F 与 h 之间的函数表达式；

（2）如图 2-35（c），若该装置的高度 h 为 0.22 m，求测量得到的拉力 F；

（3）若弹簧测力计的最大量程是 5 N，求装置高度 h 的取值范围。

参考答案

解：（1）∵在弹性范围内，沿斜面的拉力 F（N）是高度 h（m）的一次函数，

∴设拉力 F 与高 h 的函数关系式为 $F=kh+b$，

由图 2-34（a）、图 2-34（b）知函数经过（0.1，2）和（0.2，3）两点，

可得 $\begin{cases} 2=0.1k+b, \\ 3=0.2k+b, \end{cases}$

解得 $\begin{cases} k=10, \\ b=1, \end{cases}$

∴ 拉力 F 与高 h 的函数关系式为 $F=10h+1$。

答：拉力 F 与高 h 的函数关系式为 $F=10h+1$。

（2）由（1）知：当 $h=0.22$ m 时，$F=10\times0.22+1=3.2$（N），

答：测量得到拉力 F 为 3.2 N；

（3）∵ $F\leqslant5$，

∴ $10h+1\leqslant5$，

解得 $h\leqslant0.4$（m），

∴ 高度 h 的取值范围为 $0<h\leqslant0.4$，

答：装置高度 h 的取值范围为 $0<h\leqslant0.4$。

试题评析

本题结合物理实验情境进行命制，主要考查了用待定系数法求一元一次函数解析式及一元一次不等式的实际应用，解题的关键在于能够准确根据题意，列式并求解。学生在解决问题的过程中体会数学在自然科学中的工具作用和基础性作用，还要考虑实际情况中的具体取值范围，真正地在其他学科学习的过程中运用数学知识，解释科学原理，做到学以致用，增强数学学习的兴趣。

(二)图形与几何领域应用题典型示例分析

【案例 2.72】

试题

数学兴趣小组到黄河风景名胜区测量炎帝塑像的高度。如图 2-36 所示，炎帝塑像 ED 在高 55 m 的小山 CE 上。在 A 处测得塑像底部 E 的仰角为 34°，再沿 AC 方向前进 21 m 到达 B 处，测得塑像顶部点 D 的仰角为 60°。求炎帝塑像 ED 的高度（精确到 1 m，参考数据：$\sin 34°\approx0.56$，$\cos 34°\approx0.83$，$\tan 34°\approx0.67$，$\sqrt{3}\approx1.73$）。

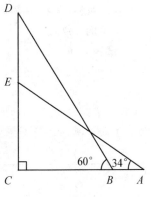

图 2-36 案例 2.72 图

参考答案

解：在 Rt△ACE 中，

$\because \angle A = 34°$，$CE = 55$，

$\therefore AC = \dfrac{CE}{\tan 34°} = \dfrac{55}{0.67} \approx 82.1$。

$\therefore BC = AC - AB \approx 82.1 - 21 = 61.1$。

在 $Rt\triangle BCD$ 中，$\because \angle CBD = 60°$，

$\therefore CD = BC \cdot \tan 60° \approx 61.1 \times 1.73 \approx 105.7$。

$\therefore ED = CD - CE \approx 105.7 - 55 \approx 51$。

所以炎帝塑像 ED 的高度约为 51 m。

试题评析

本题在题目的情境创设中融入地方特色文化，结合黄河风景名胜区的炎帝雕像，考查三角函数在实际问题中的应用，从实际情境中抽象出几何关系，建立与求解相应的数学模型，回归学科本质，关注数学思维。

学生需要在生活实际的情境中理解事物与题目之间的关联，发现实际问题中蕴含的基本事实，再将其抽象为数学问题。题中并没有直接给出 $DC \perp CA$，但学生可根据实际生活经验获得这个条件。本题尝试让学生学以致用，求解炎帝塑像 ED 的高度，体现了数学的应用价值。题目以学生所在省份的地域特色文化为背景，让学生在解决问题的同时了解地方的优秀历史文化，践行社会主义核心价值观，增强数学学习与实际生活的联系，加深学生对数学学习意义的理解。

(三)统计与概率领域应用题典型示例分析

【案例 2.73】

试题

从甲地到乙地有 A，B，C 三条不同的公交线路。为了解早高峰期间这三条线路上的公交车从甲地到乙地的用时情况，相关人员在每条线路上随机选取了 500 个班次的公交车，收集了这些班次的公交车用时 t（单位：min）的数据，统计如表 2-40 所示。

表 2-40　公交车用时统计

线路	公交车用时的频数				
	$30 \leqslant t \leqslant 35$	$35 < t \leqslant 40$	$40 < t \leqslant 45$	$45 < t \leqslant 50$	合计
A	59	151	166	124	500
B	50	50	122	278	500
C	45	265	167	23	500

早高峰期间，乘坐_____（填"A""B"或"C"）线路上的公交车，从甲地到乙地"用时不超过 45min"的可能性最大。

参考答案

样本容量相同，C 线路上的公交车用时超过 45 分钟的频数最小，所以其频率也最小，故答案为 C。

试题评析

本题的情境来源于生活实际，明显是学生在日常生活中能够见到的问题，考查用频率估计概率，读懂统计表是解题的关键。对于概率的考查，知识只是载体，而主动应用数学，建立合理的思考方式，形成有效的数学模型从而解决实际问题都是对数学应用意识的考查。

【案例 2.74】

试题

某医院医生为了研究该院某种疾病的诊断情况，需要调查来院就诊的病人的两个生理指标 x 与 y，于是他分别在这种疾病的患者和非患者中，各随机选取了 20 人作为调查对象，将收集到的数据整理后，绘制的统计图如图 2-37 所示。

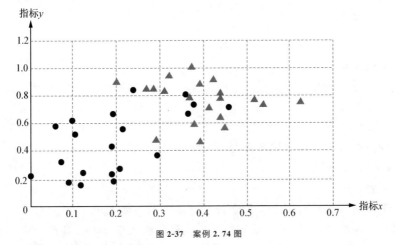

图 2-37　案例 2.74 图

注 "●"表示患者，"▲"表示非患者。

根据以上信息，回答下列问题：

（1）在这 40 名被调查者中，

①指标 y 低于 0.4 的有_____人；

②将 20 名患者的指标 x 的平均数记作 $\bar{x}_1$，方差记作 s_1^2，20 名非患者的指标 x 的平均数记作 $\bar{x}_2$，方差记作 s_2^2，则 $\bar{x}_1$_____$\bar{x}_2$，s_1^2_____s_1^2

（填"＞""＝"或"＜"）；

（2）来该院就诊的 500 名未患这种疾病的人中，估计指标 x 低于 0.3 的大约有_____人；

（3）若将"指标 x 低于 0.3，且指标 y 低于 0.8"作为判断是否患有这种疾病的依据，推断发生漏判的概率是多少。

参考答案

解：（1）①经统计，指标 y 低于 0.4 的有 9 人，故答案为 9；

②观察统计图可以发现，$\bar{x}_1$ 在 0.25 左右，$\bar{x}_2$ 在 0.4 左右，故 $\bar{x}_1 < \bar{x}_2$，还可以发现，x 指标的离散程度大于 y 指标，故 $s_1^2 \geq s_2^2$，故答案为 $<$，$>$。

（2）由统计图可知：在 20 名未患病的样本中，指标 x 低于 0.3 的有 4 人，则概率为 $\frac{4}{20}$，所以在 500 名未患这种疾病的人中，估计指标 x 低于 0.3 的大约有 $500 \times \frac{4}{20} = 100$ 人，故答案为 100。

（3）通过统计图可以发现，有 5 名患病者没在"指标 x 低于 0.3，且指标 y 低于 0.8"的范围内，发生漏判，则发生漏判的概率为 $\frac{5}{20} \times 100\% = 25\%$。答：发生漏判的概率为 25%。

试题评析

本题以实际生活为背景，结合散点图，考查概率的求法，平均数、方差的估计等基础知识，从统计图中获取信息、估计平均数和方差是解答本题的关键。

(四)综合与实践领域应用题典型示例分析

【案例 2.75】

试题

甲工厂将生产的Ⅰ号、Ⅱ号两种产品共打包成 5 个不同的包裹，编号分别为 A，B，C，D，E，每个包裹的重量及包裹中Ⅰ号、Ⅱ号产品的重量如表 2-41 所示。

表 2-41　各包裹及包裹内产品重量明细

包裹编号	Ⅰ号产品重量/吨	Ⅱ号产品重量/吨	包裹的重量/吨
A	5	1	6
B	3	2	5

续表

包裹编号	Ⅰ号产品重量/吨	Ⅱ号产品重量/吨	包裹的重量/吨
C	2	3	5
D	4	3	7
E	3	5	8

甲工厂准备用一辆载重不超过 19.5 吨的货车将部分包裹一次运送到乙工厂。

（1）如果装运的Ⅰ号产品不少于 9 吨，且不多于 11 吨，写出一种满足条件的装运方案_____（写出要装运包裹的编号）；

（2）如果装运的Ⅰ号产品不少于 9 吨，且不多于 11 吨，同时装运的Ⅱ号产品最多，写出满足条件的装运方案_____（写出要装运包裹的编号）。

参考答案

（1）ABC（或 ABE 或 AD 或 ACE 或 ACD 或 BCD）；

（2）ACE。

试题评析

本题从具体的情境出发，考查数学阅读和逻辑推理能力，让学生能用数学的眼光发现问题，用数学的思维探索、分析和解决问题。本题解决思路多样，解决方法开放，学生既可以列举出所有可能性，也可以借助方程、不等式讨论量与量之间的关系，并对结果的实际意义进行解释。本题可以发展学生的数学应用意识，体现数学解决实际问题的工具性作用。

【案例 2.76】

试题

我们学习过利用尺规作图平分一个任意角，而"利用尺规作图三等分一个任意角"曾是数学史上一大难题，之后被数学家证明是不可能完成的。人们根据实际需要，发明了一种简易操作工具——三等分角器。图 2-38（a）是它的示意图，其中 AB 与半圆 O 的直径 BC 在同一直线上，且 AB 的长度与半圆的半径相等；DB 与 AC 垂直于点 B，DB 足够长。

使用方法如图 2-38（b）所示，若要把 $\angle MEN$ 三等分，只需在适当位置放置三等分角器，使 DB 经过 $\angle MEN$ 的顶点 E，点 A 落在边 EM 上，

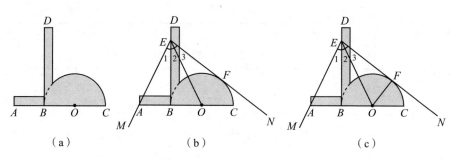

图 2-38　案例 2.75 图

半圆 O 与另一边 EN 恰好相切，切点为 F，则 EB，EO 就把 $\angle MEN$ 三等分了。

为了说明这一方法的正确性，我们需要对其进行证明。如下给出了不完整的已知和求证，请将其补充完整，并写出证明过程。

已知：如图 2-38（b），点 A，B，O，C 在同一直线上，$EB \perp AC$，垂足为点 B，_____。

求证：_____。

参考答案

解：

已知：如图 2-38（b），点 A，B，O，C 在同一直线上，$EB \perp AC$，垂足为点 B，E 在 BD 上，ME 过点 A，$AB = OB = OC$，EN 为半圆 O 的切线，切点为 F。

求证：EB，EO 为 $\angle MEN$ 的三等分线。

证明：如图 2.38（c），连接 OF，则 $\angle OFE = 90°$，

$\because EB \perp AC$，EB 与半圆相切于点 B，

$\therefore \angle ABE = \angle OBE = 90°$。

$\because BA = BO$，且 $EB = EB$，

$\therefore \triangle EAB \cong \triangle EOB$。

$\therefore \angle AEB = \angle BEO$。

$\because EO = EO$，$OB = OF$，$\angle OBE = \angle OFE = 90°$，

$\therefore \triangle OBE \cong \triangle OFE$。

$\therefore \angle OEB = \angle OEF$。

$\therefore \angle AEB = \angle BEO = \angle OEF$。

$\therefore EB$，EO 为 $\angle MEN$ 的三等分线。

试题评析

　　本题以探究三等分角器的原理和使用方法为背景，考查了学生对数学原理的理解。试题情境新颖，渗透了数学文化。虽然本题难度不大，但是通过背景材料快速而准确抽象出几何模型，分析出条件与结论，合理使用几何知识推理证明，不仅是学生数学探究意识的体现，也是学生阅读理解能力、学习能力的体现，更是学生发现问题、提出问题、分析问题并解决问题的学科素养的具体反映。

第三章　数学学科教学测量与评价

第一节　数学学科教学测量与评价的意义

一、数学学科教学测量与评价的理论基础

测量是根据法则而给事物赋予数量，即用一定规则给事物属性指派数字或符号的过程。由此我们可以看出，测量是以追求客观的量化结果为目的的。

随着科技的进步与发展，测量不仅局限于物理、化学、天文、数学等较为精准的自然科学领域，其工具和方法经改良后还可以被运用并服务于教育领域。实际上，我国古代的考试可以说是教育测量的起源，从以推荐为主、考试为辅的两汉察举制，到魏晋南北朝的九品中正制，再到隋朝时正式确立的以考试成绩作为逐级选拔人才的标准的科举制都有着教育测量的意味。18 世纪后，英、美、法等许多发达国家开始学习中国的考试方法。为谋求其测量的客观性，英国的菲希尔在 1864 年根据价值程度制定了 1～5 分的评分标准，对其所在学校学生的答案和作品进行客观评分。1894 年赖斯设计拼字测验，被视为早期教育测量的先驱。19 世纪末 20 世纪初，美国心理学家桑代克作为教育测量运动的领军人物，通过和其他学者的共同努力，编制了第一批标准化的测验。此后，实验心理学和心理测验的蓬勃发展丰富了教育测量的工作，使其向着客观化、标准化、科学化的方向发展。

数学教育测量，是依据一定的原理和法则，用数值来描述数学教育领域内事物的属性（数学教学效果和学生的数学知识、数学能力），并进行事实判断的过程。它用一定的尺度来提供量化资料，从数量上来表现数学教

育现象，具体来讲可以涉及学业、兴趣、适应性、智能等数学教育和心理方面的现象。值得关注的几个要素是：（1）数学教育领域内事物的属性，这是数学教育测量的对象，所测得的是外显行为、外在表现和特征，如数学成绩，通过这样的外显性测量我们可以得到内隐的潜在特质水平，如数学思维能力，而这是间接测量的结果。（2）法则，这是数学教育测量所依据的规则和方法，是测量的关键，决定结果的可靠性，因而制定的法则要符合数学教育领域中事物的客观属性和规律，并使其便于操作使用。（3）数值，这是代表数学领域内某一事物或某一事物属性的量。显然，数字本身只是一种符号，不具有任何意义，只有当我们赋予其意义时数字才变为数值。通过测量所得的数值，可以表示事物属性的类别、大小、多少等，例如，比较数学成绩的高低、按照分数对学生的学习水平进行分类。由此我们也可以完成对事物属性的推测。数学教育测量主要是一种间接性的测量，通常是通过数学考试的方式来完成的，即我们通常所说的"测验"。数学教育测量是教育测量在数学教育中的具体应用和发展，同时也是进行数学教育评价的基础和重要手段。

在教育评价概念出现之前，数学考试既有测量，也有教育评价的意义。现实中，我们通过一次数学考试，给考生一个分数，这实际上是一种教育测量；同时，我们依据这个分数，直接对考生数学成绩的高低，做出了一个教育评价。比如，在百分制中，一般我们认为 60～69 分为合格，70～89 分为良好，90 分以上为优秀，但是，这样评价的依据是什么呢？

评价可以解释为"评定价值"，是一种价值判断的活动，是对客体满足主体需要程度的判断。评价的本质属性是价值判断，并借此收集信息、提供决策、完善工作，以实现价值。

数学教育评价可以界定为全面收集和处理数学课程与教学的设计与实施过程中的信息，从而做出价值判断，改进教学策略的过程。首先，数学教育评价包括课程评价，也包括教学评价；课程与教学的实施过程是以师生为主体展开的，因此，教学评价、学生评价和教师评价都是数学教育评价的主要对象。其次，数学教育评价的过程就是收集信息的过程，收集以上各个评价对象的发展信息，从而了解数学教育工作的进展，发现问题，做出价值判断和进一步改进的决策，以更好地促进数学教育中的人的发展。这是数学教育评价的主要功能和宗旨，是有效地开展数学教育评价工作的指导方向。

通过数学考试，评价者对考生的数学学习做出数量上的描述，这实际上是对考生数学学习的测量。例如，某考生在一次数学考试中得了 80 分，80 分是对该考生数学学习的一个测量。这个 80 分本身并没有什么价值，评价者只有将这一分数与其他考生在同次考试的分数相比较，才可以说明该生的数学学习成绩是属于高、中、低的哪一个类别（数学常模参照性考试）；或者评价者将这次的成绩与该考生过去的数学学习成绩相比，说明他是进步还是退步了；或者评价者将这次的成绩与某一确定的目标（如某一单元的教学目标）相比，说明该考生达到的程度，存在的问题（数学标准参照性考试）等。也就是说，依据测量所反映的学习状况资料（分数），对学生的数学学习质量做出有价值的判断，这就是对数学学习的评价。因此，数学考试仅是对考生数学学习状况的一种数量上的描述，它属于教育测量的范畴。显然，为测量而测量是没有意义的，测量是评价的基础与手段。为了准确地评价考生的数学学习，我们需要对考生的数学学习状况进行数量的描述，并依据某种标准做出相应的价值判断，即评价是测量的继续与深化。事实上，测量与评价始终是紧密相连、相辅相成的，没有测量，所做的评价可能是极不可靠的。

二、数学学科教学考试的一般方法

现代社会中，数学考试对人们影响深远。我国大多数人都参加的数学考试有：高考、中考、期末考试、期中考试、月考、周测，以及只有部分人参加的各种各样的数学测评、数学竞赛等。上述数学考试既有共性，又有差异性。一般来讲，现代数学考试的功能包括选拔、评估、诊断、研究四个方面。

数学考试可以从不同角度被分类。依据现代教育测量学关注的视角，我们可以把数学考试分为两类。

（一）数学常模参照性考试

在特定考生群体的数学分数中解释某一考生的分数，或者说，把考生数学考试分数与同次数学考试的特定考生群体的分数进行比较，就是数学常模参照性（Norm-Referencing）解释，按照这种参照系统开发的数学考试称为数学常模参照性考试。

例如，某考生在一次数学考试中得了 80 分，单从这个分数上，我们并不知道该考生的数学成绩怎样。一般情形下，我们可以算出参加这次数学考试的所有考生的平均分，看 80 分是等于、高于还是低于平均分，由此得到该考生的数学水平是相当于、高于还是低于平均水平，即个别考生的数学考试分数是在与全体考生的分数比较后才有意义。按这种方式解释考生数学考试分数的考试就是数学常模参照性考试。选拔性数学考试，如高考和中考数学就是典型的数学常模参照性考试。

数学常模参照性考试是将个体数学考试分数与参加数学考试成员的团体做比较，比较的结果只告诉我们该考生的得分在全体考生中的相对位置，并没有告诉我们该考生的数学究竟哪些方面好，哪些方面有问题。因此，数学常模参照性考试分数的意义依赖于全体考生的特征，全体考生的特征具有重要意义。测量学上把这个全体考生称为常模，数学考试常用的常模有地区常模或者年级常模，例如，年级常模可以告诉我们考生属于哪一年级的数学水平，其表述方式常常是：某考生的算术是五年级水平，代数是七年级水平，几何是八年级水平等。

由于数学常模参照性考试提供了一个考生在全体考生中的相对排名，这对于以选拔为目的的考试来说，是非常有用的，这也是数学考试意义的一个重要方面，同时，其优势还在于数学考试结果的意义，可根据相应情况（不同目的、不同时期或者不同内容）发生改变。然而，对于希望通过考试了解考生数学哪些方面表现突出，哪些方面有问题的诊断性目的来讲，数学常模参照性考试几乎无法提供任何能够说明考生数学知识和能力的信息；而且，对于许多并不希望把自己的成绩与他人相比较的考生来讲，数学常模参照性考试有可能还有负面影响，其明显的不足是考试分数与数学学习的标准没有什么关联。为解决这个问题，人们提出标准参照性考试，希望数学考试能够简单明了地体现出考生对数学知识和数学技能的掌握状况。

（二）数学标准参照性考试

数学标准参照性（Criterion-Referencing）考试也叫数学目标参照性考试，数学标准参照性考试不是在某一考生和全体考生之间作数学考试分数的比较，而是将考生的数学表现和一个预先规定的数学标准做比较。预先规定的数学标准的意义在于，它能够作为衡量考生数学进步的一个有效尺度。考生的数学进步、退步或者保持原样，都应该通过与一个不变的数学标准比较来得出考试结果，例如，数学学业水平考试以及数学教育质量监测都属于数学标准参照性考试。

数学标准参照性考试涉及一个关键的问题，即要为上述情形创立一个普遍认可的评价标准，换言之，是怎样去设定恰当的数学标准。

现行的做法是为编制数学标准参照考试，命题者常需要把数学内容按照评价标准的要求，分解为考生具体的行为表现，因此数学标准参照性考试又称为数学内容参照性考试。数学标准参照性考试通过真实地体现考生在考试过程中的数学表现，确切地显示考生达到的数学要求，同时限制了把考生的表现同他人比较的需要。

数学标准参照性考试应有以下特点：首先，所要测量的数学行为一定要有明确而清楚的结构，考生的数学表现应能很好地与之对应。比如，考生对数学概念的理解，对数学技能的掌握，对数学方法的灵活应用等，都要有结构较明确的对象与内容被包含纳入。其次，依据考生表现编制的数学考试，要能够确切说明考生在所测数学行为领域上实际能做什么，不能做什么，做得有多好，像四则运算这种心智操作技能，其行为活动的结构与领域应是明确的，且能被准确定义的。最后，对考生的数学考试行为表现，评价者参照数学标准的要求应能够做出绝对评价。

数学常模参照性考试与数学标准参照性考试的比较见表 3-1。

表 3-1　数学常模参照性考试与数学标准参照性考试的比较

项目	数学常模参照性考试	数学标准参照性考试
用途	可将考生排序，用于选拔所需考生	了解考生数学掌握程度
特征	重点在于考生之间的数学成绩差异	描述考生能够完成哪些数学任务
对数学考试结果的应用	将个别考生表现与其他考生表现相比较	将考生表现与已确定的数学标准相比较
考查的数学内容	通常覆盖比较广泛的数学领域	通常集中于数学标准中的内容
数学试卷特征	通常使用双向细目表确定考查内容与要求	倾向于对所考查的数学内容作明确具体的规定
选择试题程序	所选试题要最大限度地区分不同考生的表现，以获得可靠的排名。太简单或太难的试题通常被删掉	包含所有那些为了充分描述考生数学表现所需的试题。不特意改变试题难度或删除容易的试题
考生的表现	根据考生在参加数学考试的所有考生群体中的相对位置，来评判其表现水平	根据已定好的数学标准来评判考生表现水平

上述两种数学考试的不同在于常模与标准的意义不同。标准的概念常与评价的指标有关，它经常是要求考生在理想上应当达到的程度；而常模

是一类考生群体在事实上已经达到的程度，它常被用于解释一个考生相对于全体考生数学考试分数的意义。实践中我们不能把这两种考试置于完全对立的地位，事实上它们之间存在着一些共同点。 一是编制的数学考试必须是有效的，参照数学标准是实现这一点的一个必备要素；二是数学考试很少有严谨和唯一的标准，实践中我们不希望考试结果出现天花板（得满分的情形）或地板（不得分的情形）效应，这一点两者也是相同的。

在考生之间进行有效的比较，要比判断一个考生知道些什么或能做些什么，以及将考生和某一标准进行比较容易得多。因为任何一个群体都能作为常模通过一次数学考试，不管是什么样的数学考试都能产生一个考生分数的次序，然而，设定好的数学标准却非常困难，确定这些数学标准是否得到满足就更加困难了。

尽管如此，如果我们把数学考试结果仅仅用于排序，就无法获知考生数学水平的更多信息，这也会影响我们利用数学考试的结果调整数学教学并促进数学教育的发展。 与之不同的是，将考生的数学考试结果与外部的数学标准进行比较，可能更为恰当，即数学标准参照性考试比数学常模参照性考试更能有效地预测考生的数学水平。

数学标准参照性考试是与一套提前设计好的、应达到的数学标准联系在一起的，从理论上说，这些标准几乎是任何考生都有可能达到的数学标准。因此，这为我们建立恰当的数学标准提供了一条可行的途径：当参加数学考试的考生数量很大时，其考试分数应该呈现正态分布，并应很容易被标准化，这实现了最大化识别个体的目的，并同时可以把整个群体的分数作为评判个体表现的标准参照。这样一来，我们就可以将数学标准的设定，建立在大规模的真实数学常模参照性考试数据基础上了。换言之，常模是标准的基础，据此设立的数学标准受到的当前或者过去常模数据的影响非常大。总之，无论哪种数学考试都是测量考生的数学知识、数学技能的工具。

三、数学学科教学测量的质量指标

（一）数学考试的经典测量理论[①]
试卷作为教育测量的重要工具，要达到良好的考试效果，必须做到真

---

① 经典测量理论，英文为 Classical Test Theory, CTT。

实可靠、准确有效、难易适中、鉴别力强，这也正是经典测量理论中的难度、区分度、效度和信度四个测验质量指标的要求。

难度是指试卷（题）的难易程度。一般用试卷（题）的得分率或答对率（P）表示。P 值在 0 至 1 之间，数值越大，说明试卷（题）越容易。考试难度水平估计见表 3-2。

表 3-2　考试难度水平估计

项目	最易	容易	适中题	较难	难	很难
难度（P）	0.95	0.85	0.70	0.50	0.30	0.10

区分度是指试题对不同考生的知识、能力水平的鉴别程度。如果一个题目的考试结果是水平高的考生答对（得高分），而水平低的考生答错（得低分），它的区分能力就很强。题目的区分度反映了试题这种区分能力的高低，一般认为区分度的数值达到了 0.30 便可以接受；大于 0.30 小于或等于 0.40 为好的题目；大于 0.40 为优秀题目；小于 0.30 的题目区分能力差。题目区分度的实质是用以鉴定一个题目有效性的指标，它的高低变化对测验的质量具有深刻的影响。与题目的难度相比，人们更关注题目的区分度的高低，并以此作为筛选和修改试题的主要依据。

数学试题的区分度与难度密切相关。一般来讲，为便于数学考试对考生做尽可能细的区分，就需要使用区分度高的数学试题，当题目难度是 0.50 时，数学试题的区分度最高，但有时数学教学要求数学考试有较高的答对率或通过率，这样一来，试题的难度就有可能大于 0.50，比如在 0.70 至 0.90 的范围内，这时题目的区分度就会大幅下降。如果一道试题被所有考生都掌握了，没有人答错，它的区分度就是 0，此时整体得分低的考生和整体得分高的考生答对这道题的可能性是一样的，在这种情况下，我们往往会说这个试题是具有特异反应性的：不管它测量的是什么，都和这个数学考试在整体上所测量的对象无关，从统计的角度看，这样的试题也不是好试题。试题难度与区分度的关系见表 3-3。

表 3-3　试题难度与区分度的关系

难度	区分度
1	0
0.90	0.20
0.70	0.60

续表

难度	区分度
0.50	1
0.30	0.60
0.10	0.20
0	0

在以应用题为主的数学考试中，如果难以读懂的句子太多，导致考生不能解答，从而得分较低，这样的数学考试的有效性也不会很高。数学考试所要测量的是数学能力，而在考试中影响考生的一个重要因素是语文能力。由于考生不认识或看不懂句子产生的测量误差，就属于由测量工具，即数学考试本身所导致的系统误差。对数学考试系统误差大小的估计，测量学上是用效度来完成的。所谓效度是描述测量工具有效性的指标，是指所测量到的结果与所要测量的特质之间的符合程度。简单地说，一次数学考试的效度是指这次数学考试的正确性程度，是对该次数学考试所要测量的东西能测量到什么程度的估计。

效度是测验有效性或准确性的指标。由于效度分析可以针对各种要求和运用各种方法，而在特定的条件下，使用不同的分析方法可以得到不同的效度。因此，一个测验可以具有不同的效度指标。在讨论一个测验的效度时，只有界定了它的条件，效度才有确切的意义。对常模参照测验来说，主要有效标关联效度、内容效度和结构效度。

同一套数学试卷，在第一次考试时，一名考生得了 63 分，过了一段时间，同样的试卷再次施测，他得了 78 分。假若我们只使用这套数学试卷来说明考生是否进步的话，那么这两次得分可能是我们所期望的。但是，如果该数学考试是升学考试，同时只有分数在 70 分以上才能取得入学资格的话，那么这两次分数的差异就非常值得关注了。不管数学考试测到的是什么，测量结果都稳定的考试才值得信赖。为了克服数学考试不可避免的不确定性，测量学上用信度来估计这种不稳定性。

信度是一个数学考试可靠性的指标，它是对考试结果的稳定性、一致性程度的估计。一套数据试卷是可靠的，表示用这套数学试卷考试多次，测量结果都是稳定的、一致的。数学考试的信度不会受其系统误差的影响，但数学考试的随机误差经常会降低它的信度。因此，一个测量工具被认为是客观、科学的，必须具备两点：一是有效，二是可靠。这两点，在测量学上，是用效度、信度来检验的。

效度与信度之间的区别和联系：信度不涉及数学考试是否准确地反映考试目的，它只说明考试结果是否稳定和一致。一个数学考试如果没有相当的信度，显然那它就无效度可言，但是，即使是具有较高信度的数学考试，也并不能保证考试结果一定是正确的，也就是说，信度只是效度的一个必要条件，不是充分条件。高信度并不能保证试题的高效度。例如，对人的体重的测量是稳定的，但我们不能拿这个测量结果来说明人的智力，因为两者没有因果关系，可以说用体重测量智力的效度几乎为零，可见，信度高并不能保证效度高。

我们可以用某一个数学考试的大量（理论上无限的）相等形式对某考生施测，将得到的平均分数视作真分数，用 T 表示，将每一次考试所得到的分数称为实得分数，用 X 表示，误差分数用 E 表示，这样得到的真分数模型如下：

$$X = T + E。$$

这一真分数模型是建立在如下几个假设基础上的：①真分数不变，是一个常数；②实得分数是真分数与误差分数之和；③误差分数是完全独立的、期望为零的正态随机变量；④人们能够编制出平行测验，至少在理论上可以使用平行测验（即当两个测验能对同一考生总体以同等程度测量所测特质时，测验就是平行的）的思想。上述模型与假设是经典测量理论的基础，它的基本思想是把真分数和误差分数的线性组合看作测验的观察分数，因此经典测量理论又称为真分数理论。

（二）数学考试的项目反应理论[①]

经典测量理论（CTT）是教育领域中评估试卷质量的主要方法，但存在着不少的局限性，如严重依赖样本、信度估计精度不高、难度和被试水平没有定义在同一参照系上等。另外，CTT 也无法回答总分相同的考生的真实能力有无差异等问题。CTT 依靠样本，样本不同，对同一份试题的评价也会产生差别。

项目反应理论（IRT）是一种数学模型，它的特点是以概率来解释被试对项目的反应和其潜在能力特质之间的关系。IRT 中，首先对要测量的被试特质进行界定，然后估计被试关于该特质的分数，最后根据估计分数的高低来揭示和预测被试对项目或测验的反应。IRT 是现代教育测量领域

---

① 项目反应理论，英文为 Item Response Theory，IRT。

的研究热点，克服了 CTT 的缺点。IRT 得出的能力参数更能真实反映学生的水平。IRT 可以很好地描述学生学业成就的数据特征，其科学性和有效性得到了可靠的保证。

IRT 也称潜在特质理论，起源于 20 世纪三四十年代的心理测量研究。IRT 基于一定假设，用一个数学函数去刻画被试在项目上可观察的作答表现（得分）与其不可观察的特质水平（能力）之间的关系，利用这个函数关系，可以对被试在项目上的作答反应进行预测，同时也可以利用被试在项目上的作答反应对被试的能力进行估计。可以说，模型与假设是整个 IRT 的核心和基础。IRT 模型建立在一维强假设理论基础之上，即被试的能力表现为一种"潜在特质"，且与他们在测验项目上的正确反应概率之间存在一种特殊的函数关系。研究表明，这种函数关系所刻画的项目特征曲线可用多种数学模型来描述，如单参数、双参数、三参数及多维 IRT 模型等。

与 CTT 的弱假设相比，IRT 的前提假设非常严格，主要包括单维性假设和局部独立性假设。IRT 在题目参数（难度、区分度等）的基础上，还提出试题信息函数的概念，从而能根据反映考试要求与项目性能的信息函数曲线来挑选试题，提高题库参数的完备性和题库管理的可控性，为测验编制提供清晰的科学逻辑和强有力的指导作用。IRT 对考试条件要求较严格，样本量要大，被试范围要广（既要有一定量的高水平被试，同时也要有足够量的低水平被试）等。

第二节　具体考试分析与评价

对于测验试卷（试题）的质量分析，主要理论依据是上一节中介绍的 CTT 和 IRT。基于 CTT 分析试卷质量，研究者可借助统计软件 SAS 或 SPSS；基于 IRT 分析试卷质量，研究者可借助 ConQuest 或 Winstep。

下面以某年北京市义务教育质量监测八年级数学学科考试卷（A）（见本章附 1）为例分别运用 CTT 和 IRT 来说明各项统计量在试卷质量分析中的应用。

一、运用经典测量理论分析

表 3-4 是本次考试数学内容领域细目表。

表 3-4   本次考试数学内容领域细目表

数学内容领域	题量	题量占比/%	分值	分值占比/%
数与代数	12	30.77	32	32
图形与几何	14	35.90	34	34
统计与概率	6	15.38	14	14
综合与实践	7	17.95	20	20
总计	39	100	100	100

图 3-1 是试卷总得分的频数分布直方图。

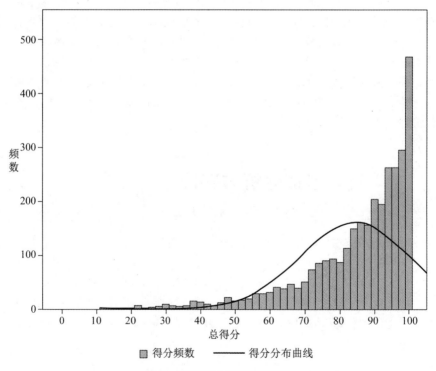

图 3-1   试卷总得分频数分布直方图

1. 难度分析

表 3-5 是本次考试题量和得分情况。

表 3-5　本次考试题量和得分情况

难度	题量	分值
0.00～0.39	0	0
0.40～0.49	0	0
0.50～0.59	3	9
0.60～0.69	1	1
0.70～0.79	5	11
0.80～0.89	12	32
0.90～1.00	18	47
合计	39①	100

图 3-2 是各题难度分布。

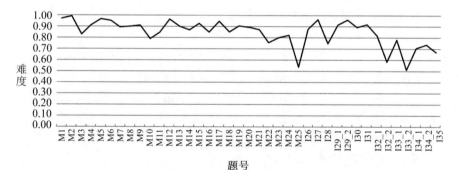

图 3-2　各题难度分布②

　　本次考试全卷共 39 道题，参加考试的学生共有 3 302 名，其中有效考试卷为 3 205 份；平均分为 84.45 分，标准差为 15.85，整卷难度为 0.84，学生总体水平呈负偏态分布。这表明这份试卷难度较小，其中较难题目有 4 道，中档题目有 5 道，较易题目有 12 道，容易题目有 18 道，分值分别占

---

　　①　本试卷共有 35 个题号，其中部分题号包含不止一个小题。下文的研究将小题也视作一道题目，因此本试卷被视为有 39 道题。

　　②　本图题号中的"M"代表客观题，"I"代表主观题。

总分的 10％，13％，31％，46％。

2. 信度分析

表 3-6 是本次考试的信度。

表 3-6   本次考试的信度

数学内容领域	题量	内部一致性系数（α 系数）
数与代数	12	0.76
图形与几何	14	0.78
统计与概率	6	0.45
综合与实践	7	0.62
总体	39	0.90

本试卷的内部一致性系数（α 系数）为 0.90，说明该试卷的内部一致性信度较高。其中，数与代数、图形与几何领域的内部一致性系数分别为 0.76 及 0.78，处于可接受水平；统计与概率、综合与实践领域的内部一致性系数分别为 0.45 及 0.62，处于较低水平。

3. 效度分析

依据课程标准和北京市对于学业水平考试内容效度的具体要求，相关专家从学科试卷的指导思想与依据、试卷结构、题目整体评价、试卷的导向性、试卷的实效性五个方面对学科考试卷进行审定。最终，专家效度评定的均分为 4.97（采用 5 点记分量表）。说明本试卷具有较高的内容效度。

4. 区分度分析

表 3-7 是本次考试的区分度。

表 3-7   本次考试的区分度

区分度	题总相关（R）		合格鉴别指数（$D_合$）		优秀鉴别指数（$D_优$）	
	题量	分值	题量	分值	题量	分值
0.00～0.09	0	0	2	4	8	19
0.10～0.19	2	4	2	5	11	29
0.20～0.29	3	7	8	20	11	31
0.30～0.39	11	27	8	19	3	9
0.40～0.49	13	34	8	21	1	1
0.50～0.59	4	17	7	24	3	5

续表

区分度	题总相关（R）		合格鉴别指数（D_合）		优秀鉴别指数（D_优）	
	题量	分值	题量	分值	题量	分值
0.60～1.00	6	11	4	7	2	6
合计	39	100	39	100	39	100

图 3-3 是本次考试各题的区分度分布。

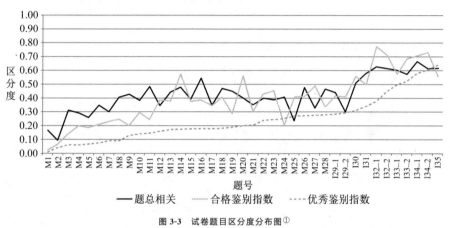

图3-3　试卷题目区分度分布图[①]

39 道题目中有 4 道题目的合格鉴别指数偏低，在 0.19 及以下，35 道题目的合格鉴别指数都在 0.20 及以上，其中有 27 道题目的合格鉴别指数在 0.30 及以上。39 道题目中有 19 道题目的优秀鉴别指数偏低，在 0.19 及以下，其他 20 道题目的优秀鉴别指数都在 0.20 及以上，其中有 9 道题目的优秀鉴别指数在 0.30 及以上。本试卷较为适合区分合格水平和不合格水平学生群体，但试卷整体上区分度较低。

二、运用项目反应理论分析

（一）学生能力和题目难度分析

考试组织者采用 IRT 的单维单参数分步计分模型，对学生能力和题目难度进行估计。分析中，考试组织者将题目的难度（P）的均值固定为 0，得到学生潜在能力和题目难度分布对应关系，如图 3-4 所示。

---

① 本图题号中的"M"代表客观题，"I"代表主观题。

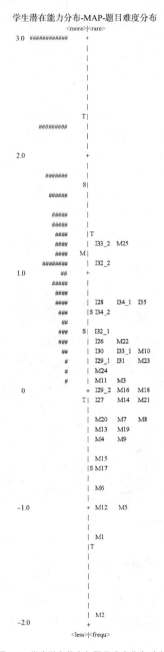

图 3-4　学生潜在能力与题目难度分布对应图

　　怀特图能清晰直观展现一份试卷的题目难度与学生能力水平的分布情况。在图 3-4 所示的怀特图中，图的左侧的数值为测验题目难度和被试学生能力水平在同一客观等距量尺上的值；图的中间代表被试学生能力水平的分布，每一个"♯"代表一定数量的学生，"♯"所在的不同位置标明了学生之间能力水平的差异，即从下到上，被试学生的能力水平逐渐升高；图的右侧（"|"的右侧）列出的是题号，题号的分布体现题目的难度分布，题号对应的图的左侧的数值越小表明该题目越容易，反之则越难，即从下到上，题目难度逐渐升高。每一排"♯"之间的纵向距离代表学生之间能力水平之间的差异，距离越近，学生能力水平差异越小；题目间的距离也是如此。处在同一位置的学生能力水平相等，处在同一位置的题目难度相等。学生能力水平与题目难度越接近时，测验所获得的学生信息量越大，根据怀特图就越能精确地估计出学生的能力水平。

　　在图 3-4 中，图的左侧代表了量尺的刻度；图的中间的每个"♯"代表了 29 名学生；图的右侧则是试卷中每一个题目的题号，其中"M"代表客观题，"I"代表主观题。从学生潜在能力角度来看，学生的能力水平主要分布在（0，2.0）区间，其中大多数学生能力水平处于（1.0，2.0）区间；题目涵盖的学生能力水平分布较为集中。从题目难度角度来看，题目难度分布在 [-0.70，0.45] 区间，且难度分布在 [-0.50，0.50] 区间的题目较多。其中，难度最高的题目是第 33 题第（2）问和第 25 题，其次是第 32 题第（2）问；难度最低的题目是第 2 题，其次是第 1 题。整体来看，学生的总体能力水平呈负偏态分布，题目相对于学生难度过低。从图 3-4 可以看出，所有题目都有人做对。学生能力水平全部在 0 以上，而只有 19 道试题难度在 0 以上，超过一半的试题难度在 0 及以下，没有任何学生与之匹配；还有大量学生能力水平在 1.5 以上，但没有难度与之匹配的题目，说明了本次测验相对全体被试学生难度过低。

　　图 3-5 呈现了本试卷的信息量情况。根据 CTT，试卷信息量越大，则试卷测量能力水平的误差越小。当试卷在某个能力水平的信息量达到最大时，表明该试卷对此能力水平的测量最精确。从图 3-5 可以看出，该试卷适合于评价能力处于中等水平的学生。具体而言，本试卷测量能力水平在 0.3 左右的学生时，所能提供的测验信息最多，测量误差最小。

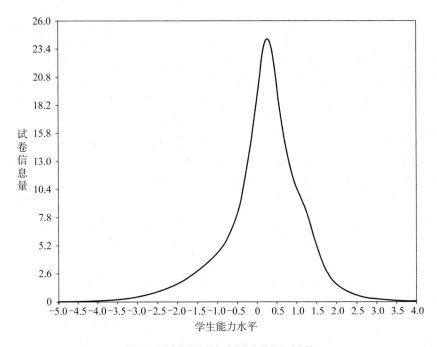

图 3-5　学生能力水平与试卷信息量分布对应图

（二）测验题目区分度整体情况

表 3-7 和图 3-3 呈现了试卷区分度的情况。

根据试卷质量分析指标说明（本章附 2 中表 3-12）中的题总相关的判断标准，39 道题目中有 2 道题目（约占总题量的 5%）的题总相关小于 0.20，约占总分的 4%，这些题目的题总相关偏低。其他 37 道题目（约占总题量的 95%）的题总相关都在 0.20 及以上，约占总分的 96%，其中有 34 道题目（约占总题量的 87%）的题总相关均在 0.30 及以上，约占总分的 89%。

根据考试卷质量分析指标说明（本章附 2 中表 3-12）中的鉴别指数的判断标准，首先，39 道题目中有 4 道题目（约占总题量的 10%）的合格鉴别指数在 0.19 及以下，占总分的 9%，这些题目的合格鉴别指数偏低；其他的 35 道题目（约占总题量的 90%）的合格鉴别指数都在 0.20 及以上，其中有 27 道题目的合格鉴别指数在 0.30 及以上，约占总分的 69%。其次，39 道题目中有 19 道题目（约占总题量的 49%）的优秀鉴别指数在 0.19 及以下，约占总分的 48%，根据统计上的要求，这些题目的优秀鉴别指数偏低。其他的 20 道题目（约占总题量的 51%）的鉴别指数都在 0.20 及以上，其中有 9 道题目的优秀鉴别指数在 0.30 及以上，约占总分的 21%。

整体上来讲，39 道题目中，有 20 道（约占总题量的 51%）题目的题总相关、合格鉴别指数、优秀鉴别指数均较高，这些题目的分数之和约占总分的 52%。

（三）考试卷题目功能差异整体情况

以下从城郊差异这一方面对这一份数学考试卷的题目功能差异进行分析。

城郊差异是根据项目反应理论对考试卷中所有的题目在城区与郊县作答情况进行分析，目的在于比较题目的难易程度是否存在城区与郊县偏差，即是否某些题目更利于城区而不利于郊县，或某些题目更利于郊县而不利于城区。具体的题目城区—郊县项目反应难度曲线图见图 3-6。

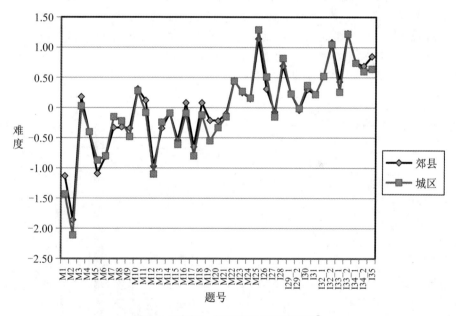

图 3-6　题目城区—郊县项目反应难度曲线图[①]

从图 3-6 可以看出，没有任何题目的城区与郊县难度差异达到 0.43 及以上。说明整张考试卷的题目难度的城郊差异不大。

---

① 本图题号中的"M"代表客观题，"I"代表主观题。

三、运用上述两个理论进行各内容领域的分析

本考试卷在数学内容上分为四个领域，包括数与代数领域、图形与几何领域、统计与概率领域和综合与实践领域，具体分析如下。

（一）数与代数领域

本领域数据分析表见表3-8。

表 3-8   数与代数领域数据分析表

领域	满分	平均分	标准差	难度（P）	题总相关（R）	合格鉴别指数（$D_合$）	优秀鉴别指数（$D_优$）
数与代数	32	26.58	6.19	0.79	0.87	0.45	0.27

数与代数领域满分为 32 分，平均分为 26.58 分，标准差为 6.19，分数的离散程度不大。难度为 0.79，说明该领域的题目较难；题总相关为 0.87，合格鉴别指数为 0.45，优秀鉴别指数为 0.27，说明此领域可以有效区分合格水平和不合格水平的学生群体，也可以区分优秀水平和非优秀水平的学生群体。相关数据见图3-7。

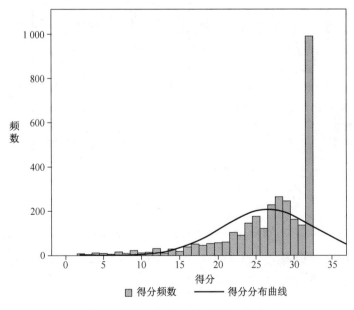

图 3-7   数与代数领域的得分频数分布直方图

（二）图形与几何领域

本领域数据分析表见表 3-9。

表 3-9　图形与几何领域数据分析表

领域	满分	平均分	标准差	难度（P）	题总相关（R）	合格鉴别指数（$D_合$）	优秀鉴别指数（$D_优$）
图形与几何	34	29.46	5.68	0.81	0.87	0.40	0.23

图形与几何领域满分为 34 分，平均分为 29.46 分，标准差为 5.68，分数的离散程度不大；难度为 0.81，该领域的题目较容易，题总相关为 0.87，合格鉴别指数为 0.40，优秀鉴别指数为 0.23，说明此领域可以有效区分合格水平和不合格水平的学生群体，也可以区分优秀水平和非优秀水平的学生群体。相关数据见图 3-8。

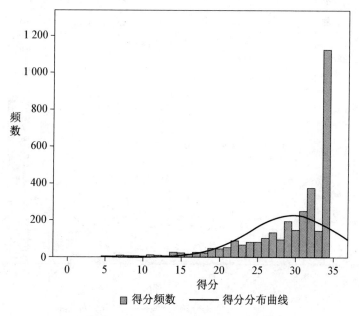

图 3-8　图形与几何领域的得分频数分布直方图

（三）统计与概率领域

本领域数据分析表见表 3-10。

表 3-10　统计与概率领域数据分析表

领域	满分	平均分	标准差	难度（P）	题总相关（R）	合格鉴别指数（$D_合$）	优秀鉴别指数（$D_优$）
统计与概率	14	12.91	2.02	0.62	0.66	0.26	0.31

　　统计与概率领域满分为 14 分，平均分为 12.91 分，标准差为 2.02，分数的离散程度不大。难度为 0.62，该领域的题目很难，题总相关为 0.66，合格鉴别指数为 0.26，优秀鉴别指数为 0.31，说明此领域可以有效区分优秀水平和非优秀水平的学生群体，也可以区分合格水平和不合格水平的学生群体。相关数据见图 3-9。

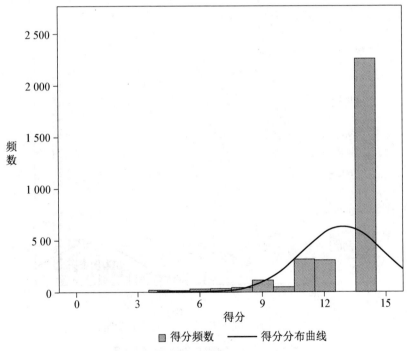

图 3-9　统计与概率领域的得分频数分布直方图

（四）综合与实践领域

本领域数据分析表见表 3-11。

表 3-11　综合与实践领域数据分析表

领域	满分	平均分	标准差	难度（P）	题总相关（R）	合格鉴别指数（$D_合$）	优秀鉴别指数（$D_优$）
综合与实践	20	15.51	4.22	0.74	0.81	0.43	0.27

　　综合与实践领域满分为 20 分，平均分为 15.51 分，标准差为 4.22，分数的离散程度不大。难度为 0.74，该领域的题目较难，题总相关为 0.81，合格鉴别指数为 0.43，优秀鉴别指数为 0.27，说明此领域可以很好地区分合格水平和不合格水平的学生群体，也可以区分优秀水平和非优秀水平的学生群体。相关数据见图 3-10。

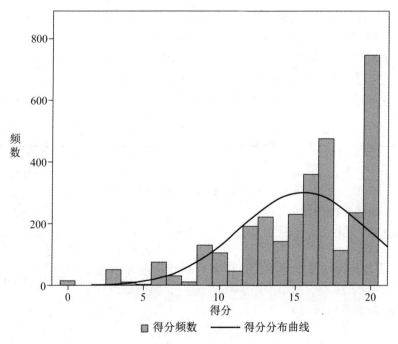

图 3-10　综合与实践领域的得分频数分布直方图

附1：考试卷

一、选择题(共 25 个小题,其中第 1～15 题每小题 2 分,第 16～25 题每小题 3 分,共 60 分)。

在每个小题给出的四个备选答案中,其中只有一个是正确的。

1. -6 的绝对值等于(　　)。

(A) -6　　　　(B) 6　　　　(C) $\dfrac{1}{6}$　　　　(D) $-\dfrac{1}{6}$

2. -27 的立方根是(　　)。

(A) -3　　　　　　　　(B) 3

(C) $-3\sqrt{3}$　　　　　　　　(D) 负数没有立方根

3. 2006 年 5 月 20 日,世界上规模最大的混凝土重力坝——三峡大坝——浇筑完成。建成后,三峡水库库容总量约为 39 3000 000 000m³。用科学记数法表示库容总量约为(　　)m³。

(A) 3.93×10^{10}　　　　　　(B) 39.3×10^{10}

(C) 0.393×10^{10}　　　　　　(D) 39.3×10^{9}

4. 把不等式 $x \geqslant -1$ 的解集在数轴上表示出来,则下面表示正确的是(　　)。

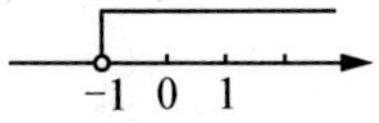

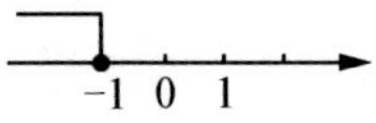

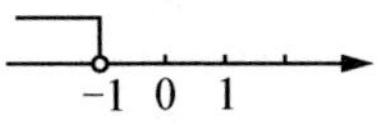

5. 如图 3-11,直线 AB 与直线 CD 被直线 EF 所截,则 $\angle 4$ 的同旁内角是(　　)。

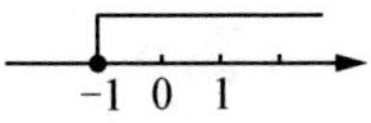

(A) $\angle 1$　　　　　　(B) $\angle 2$

(C) $\angle 3$　　　　　　(D) $\angle 5$

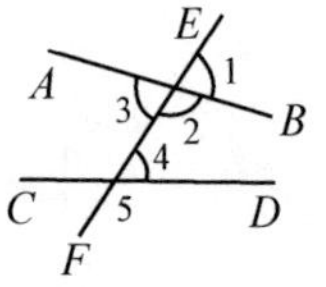

图 3-11　第 5 题图

6. 在航天知识竞赛中,包括甲同学在内的 6 名同学的平均分为 74 分,其中甲同学考了 89 分,则除甲以外的 5 名同学的平均分为(　　)。

(A) 74　　　　(B) 72　　　　(C) 71　　　　(D) 60

7. 如图 3-12,$AB /\!/ CD$,$\angle C = 80°$,$\angle CAD = 60°$,那么 $\angle BAD$ 等于(　　)。

(A) $60°$　　　　(B) $50°$

(C) $45°$　　　　(D) $40°$

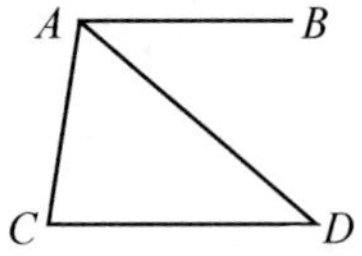

图 3-12　第 7 题图

8. 小明准备参加校运动会的跳远比赛,下面是他近期 6 次跳远的成绩（单位：m）：3.6，3.8，4.0，3.8，3.8，4.0，那么这组数据的众数和中位数分别是（　　　）。

（A）众数是 3.9，中位数是 3.8

（B）众数是 3.8，中位数是 4.0

（C）众数是 3.8，中位数是 3.8

（D）众数是 4.0，中位数是 3.8

9. 下列调查适合采用抽样调查方式的是（　　　）。

（A）调查一批新型节能灯泡的使用寿命

（B）调查你所在班级同学的性别

（C）调查某校学生感染水痘的情况

（D）卫星发射之前，检查其零部件的性能

10. 如图 3-13，$AB /\!/ CD$，$AC \perp BC$，图中与 $\angle CAB$ 互余的角有（　　　）。

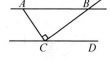

图 3-13　第 10 题图

（A）4 个　　　　（B）3 个

（C）2 个　　　　（D）1 个

11. 下列变形正确的是（　　　）。

（A）方程 $5x = -4$ 的解是 $x = -\dfrac{5}{4}$

（B）把方程 $5 - 3x = 2 - x$ 移项得：$3x + x = 5 - 2$

（C）把方程 $2 - 3(x - 5) = 2x$ 去括号得：$2 - 3x - 5 = 2x$

（D）方程 $18 - 2x = 3 + 3x$ 的解是 $x = 3$

12. 如图 3-14，$\angle AOE = \angle BOE = 15°$，$EF /\!/ OB$，$EC \perp OB$，如果 $EC = 1$，那么 EF 的长为（　　　）。

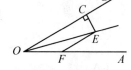

图 3-14　第 12 题图

（A）2　　　　　（B）$\sqrt{3}$

（C）$\sqrt{2}$　　　　（D）1

13. 如果一个 n 边形的内角和为 720°，那么 n 等于（　　　）。

（A）4　　　　　（B）5

（C）6　　　　　（D）7

14. 在植树节来临之际，某中学抽调 200 名学生参加植树活动，图 3-15 是根据各年级参加植树活

图 3-15　第 13 题图

动人数所占的比例绘制成的扇形统计图，则八年级参加植树活动的学生人数是（　　）。

（A）64　　　　　　（B）65　　　　　　（C）66　　　　　　（D）70

15. 计算 $(2a^2b)^2$ 的结果正确的是（　　）。

（A）$2a^4b^2$　　　　（B）$4a^4b^2$　　　　（C）$4a^2b^2$　　　　（D）$2a^2b^2$

16. 如图 3-16，△ABC 是等边三角形，$AD \perp BC$ 于点 D，如果 $AB=4$，那么 AD 等于（　　）。

（A）$\sqrt{2}$　　　　　　　　　　（B）$2\sqrt{2}$

（C）$2\sqrt{3}$　　　　　　　　　　（D）$2\sqrt{5}$

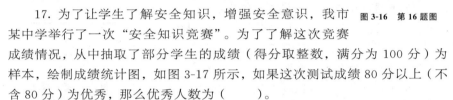

图 3-16　第 16 题图

17. 为了让学生了解安全知识，增强安全意识，我市某中学举行了一次"安全知识竞赛"。为了了解这次竞赛成绩情况，从中抽取了部分学生的成绩（得分取整数，满分为 100 分）为样本，绘制成绩统计图，如图 3-17 所示，如果这次测试成绩 80 分以上（不含 80 分）为优秀，那么优秀人数为（　　）。

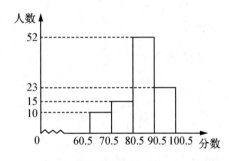

图 3-17　第 17 题图

（A）23　　　　　　（B）90　　　　　　（C）52　　　　　　（D）75

18. 图 3-18 是将小球、正方体、砝码放在等臂天平上的两种情形（小砝码皆为 10 克），则正方体的质量是（　　）。

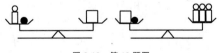

图 3-18　第 18 题图

（A）20 克　　　　（B）10 克　　　　（C）30 克　　　　（D）15 克

19. 将一副常规的三角板按如图 3-19 的方式放置，则图中 $\angle AOB$ 的度数为（　　）。

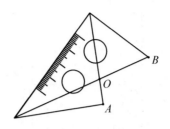

图 3-19　第 19 题图

（A）75°　　　　（B）95°　　　　（C）105°　　　　（D）120°

20．下面估算 24 的算术平方根，其中正确的结果是（　　　）。

（A）2 和 3 之间　　　　　　　　（B）3 和 4 之间

（C）4 和 5 之间　　　　　　　　（D）5 和 6 之间

21．甲、乙两名同学参加学校越野赛，两名同学的行程 y（单位：km）随时间 x（单位：h）变化的图像（全程）如图 3-20 所示。

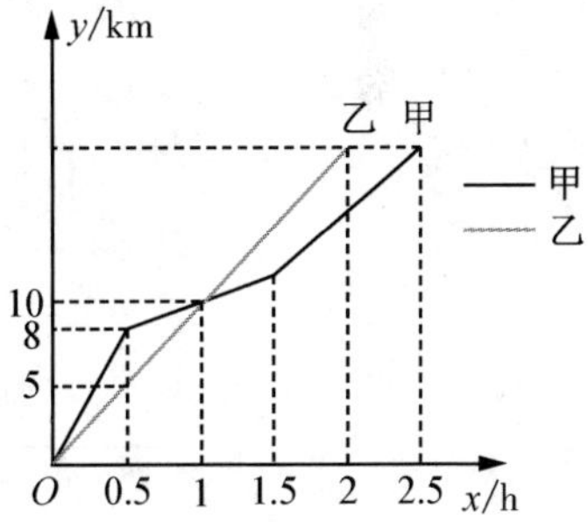

现有下列说法：

①起跑后 1h 内，甲在乙的前面；

②第 1h 两人都跑了 10km；

③甲比乙先到达终点。

其中正确说法的个数是（　　　）。

（A）0　　　　　　　（B）1

（C）2　　　　　　　（D）3

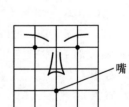

图 3-20　第 21 题图

22．如图 3-21，用（0，2）和（2，2）分别表示图片中两只眼睛的位置，那么图片中嘴的位置可以表示为（　　　）。

（A）（1，0）　　　　（B）（−1，0）

（C）（−1，1）　　　（D）（1，−1）

23．已知一次函数 $y=kx-3$（k 是常数，$k\neq0$），如果自变量 x 增大，函数值 y 随着增大，那么下列表示此一次函数 $y=kx-3$ 的图象正确的是（　　　）。

图 3-21　第 22 题图

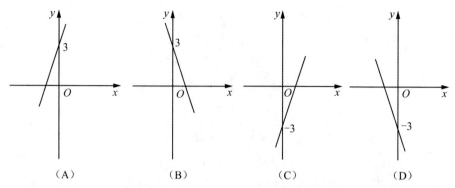

（A）　　　　（B）　　　　（C）　　　　（D）

24. 如图 3-22，△ABO 的顶点坐标分别为 A（2，3），B（3，1），O（0，0），如果将 △ABO 沿 y 轴翻折 180°，得到 △A′B′O，那么点 A′ 和 B′ 的坐标分别是（　　　）。

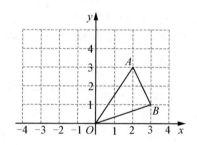

图 3-22　第 24 题图

（A）（2，3），（−3，1）　　　　（B）（3，−2），（3，−1）
（C）（2，−3），（3，−1）　　　　（D）（−2，3），（−3，1）

25. 如图 3-23，把 △ABC 纸片沿 DE 折叠，使点 A 落在四边形 BCDE 内部，如果 ∠A＝35°，那么 ∠1＋∠2 等于（　　　）。

（A）35°　　　　（B）70°
（C）110°　　　　（D）145°

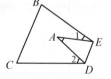

图 3-23　第 25 题图

二、填空题(共 5 个小题，每小题 3 分，共 15 分)。

26. 因式分解：$2x^2 - 4x + 2 =$ _____。

27. 计算：$\dfrac{x+1}{x-1} + \dfrac{1}{1-x} =$ _____。

28. 如图 3-24 所示，已知 $AB\,/\!/\,DE$，$AB=DE$，$AF=DC$，请利用图中已有的字母，写出图中一对全等三角形。_____

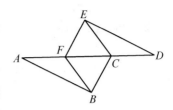

图 3-24　第 28 题图

29. 某校围绕着"你最喜欢的体育活动项目是什么？（只写一项）"的问题，对在校学生进行了随机抽样调查，从而得到一组数据。图 3-25 是根据这组数据绘制的条形统计图，请结合统计图回答下列问题：

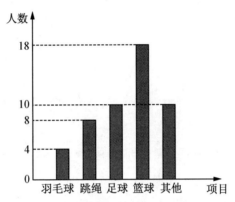

图 3-25　第 29 题图

（1）该校对_____名学生进行了抽样调查；

（2）本次抽样调查中，最喜欢篮球活动的学生占被调查人数的百分比是_____。

30. 如图 3-26，在 $\triangle ABC$ 中，$AB=AC$，$\angle A=36°$，AB 的垂直平分线交 AC 于点 E，垂足为点 D。连接 BE，则图中的等腰三角形有_____个。

三、解答题（共 5 个小题，每小题 5 分，共 25 分）。

31. 解方程：$\dfrac{2}{x-3}=\dfrac{1}{x}$。

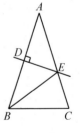

图 3-26　第 30 题图

32. 如图 3-27，∠1＝∠2，请补充一个条件，使得 △ABC≌△DBC。

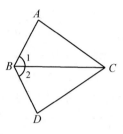

（1）所补充的条件是_____；

（2）结合所补充的条件证明 △ABC ≌ △DBC。

图 3-27　第 32 题图

33. 如图 3-28，在平面直角坐标系中，一次函数 $y＝-\dfrac{1}{2}x+1$ 的图象与 x 轴、y 轴分别交于 A，B 两点。

（1）求点 A，B 的坐标；

（2）若点 C 在 y 轴上，且 $S_{\triangle ABC}＝2S_{\triangle AOB}$，请你求出此时点 C 的坐标。

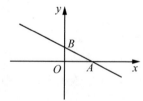

图 3-28　第 33 题图

34. 王老师购买了一套经济适用房，他准备将房子的地面铺上地砖，地面结构如图 3-29 所示。根据图中所给的数据（单位：m），解答下列问题。

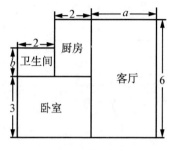

图 3-29　第 34 题图

（1）用含 a，b 的代数式表示地面总面积；

（2）已知客厅面积比卫生间面积多 $21\mathrm{m}^2$，且地面总面积是卫生间面积的 15 倍。如果铺 $1\mathrm{m}^2$ 地砖的平均费用为 100 元，那么铺地砖的总费用为多少元？

35. 已知：如图 3-30，在 $\triangle ABC$（$AB \neq AC$）中，点 D，E 在 BC 上，且 $DE = EC$，$DF /\!/ BA$ 交 AE 于点 F，$DF = AC$。

求证：AE 平分 $\angle BAC$。

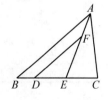

图 3-30　第 35 题图

附 2：试卷质量分析指标说明

本部分包括两个表格，分别为表 3-12 CTT 分析指标和表 3-13 IRT 分析指标。

表 3-12   CTT 分析指标

指标	概念	判断标准	
α 系数	为内部一致性信度系数。表明所有试题测量某一特质的一致性程度	$\alpha \geqslant 0.80$	信度较高
		$0.70 \leqslant \alpha < 0.80$	可接受水平
		$0.60 \leqslant \alpha < 0.70$（$N^{①} < 6$）	可接受水平
难度（P）	指考试题目的难易程度。二分法计分题目采用通过率来说明难度，即用答对或通过该题人数的百分比作为指标；多级计分题目则采用该题的平均分与满分的比值来表示，数值越大表示其难度越小。$0 \leqslant P \leqslant 1$。$P$ 值越高，试题越易	$P < 0.70$	较难
		$0.70 \leqslant P < 0.80$	中档
		$0.80 \leqslant P < 0.90$	较易
		$0.90 \leqslant P < 1.00$	容易
题总相关系数（R）	某一题目分数与测验总分（除去此题之外的）的相关，相关越高，则该题目区分度越高	$R \leqslant 0$	绝对避免
		$0 < R < 0.20$	低区分度
		$0.20 \leqslant R < 0.40$	较高区分度
		$R \geqslant 0.40$	高区分度
合格/优秀鉴别指数（$D_合/D_优$）	比较测验合格/优秀水平和不合格/非优秀水平的两组学生群体在题目通过率上的差值。$D_合/D_优$ 的值越大，则说明其题目对合格水平/优秀水平和不合格/非优秀水平的学生群体的区分度越高	$D \leqslant 0$	绝对避免
		$0 < D < 0.20$	低区分度
		$0.20 \leqslant D < 0.40$	较高区分度
		$D \geqslant 0.40$	高区分度

---

① N 代表测验的题目数量。

表 3-13　IRT 分析指标

指标	概念	判断标准
IRT 难度	指的是答对概率为 0.50 的考生群体的能力，它代表的是学生的特质水平值，而不是试题的通过比例	如果一道题很难，要求答对概率达到 0.50 的考生群体的能力就越高，则题目的难度就越大，也就是 IRT 难度值越大。IRT 难度大都处于 -3.0 至 3.0 之间
拟合度	学生总体在某题上的作答模式与单参数模型的拟合程度	此值最好处于 0.80 至 1.20 之间，最大范围是 0.50 至 1.50，超过此范围，要考虑调整、修改试题
信息量	项目反应理论中，考试卷信息量是各题目信息量之和，各题目的信息量与题目难度有直接的关系，当题目难度与考生潜在能力水平接近时，题目的信息量值最大	无（作为项目反应理论分析指标之一，信息量的评判标准目前仍在研究中）
题目功能差异	是指具有相同潜在能力的不同学生群体在某题目上正确作答的概率存在差异	项目反应理论的题目难度差异 $\lvert b_1 - b_2 \rvert \geqslant 0.64$ 表示存在题目功能差异，$0.43 \leqslant \lvert b_1 - b_2 \rvert < 0.64$ 表示存在题目功能微小差异，$\lvert b_1 - b_2 \rvert < 0.43$ 表示不存在题目功能差异

部分参考资料

［1］中国教育事典编委会.中国教育事典：中等教育卷［M］.石家庄：河北教育出版社，1994.

［2］杨学为.中国考试史文献集成［M］.北京：高等教育出版社，2003.

［3］齐宇歆.基于 PISA 的学习素养评价系统设计［D］.上海：华东师范大学，2013.

［4］曹一鸣，朱忠明.变与不变：PISA2000—2021 数学测评框架的沿革［J］.数学教育学报，2019（4）.

［5］杨艳华，温龙岚，杨其，等.国际学生评价项目（PISA）及其对我国基础教育的启示［J］.遵义师范学院学报，2016（2）.

［6］钟启泉.基于核心素养的课程发展：挑战与课题［J］.全球教育展望，2016（1）.

［7］史宁中.推进基于学科核心素养的教学改革［J］.中小学管理，2016（2）.

［8］郭允军.注重能力考查，重视素养导向——对 2020 年数学新高考卷Ⅰ的试题赏析［J］.中学数学教学参考，2020（33）.

［9］傅焕铭.中学数学填空题的命题技术研究分析［J］.数学学习与研究，2016（4）.

［10］黄启贤.基于核心素养评价框架的试题命制研究——以函数综合题的命制为例［J］.中学数学研究，2021（5）.

［11］朱文芳.数学考试理论与方法［M］.北京：北京师范大学出版社，2017.

［12］马云鹏，孔凡哲，张春莉［M］.数学教育测量与评价（第 2版）.北京：北京师范大学出版社，2019.

［13］郑日昌.心理与教育测量［M］.北京：人民教育出版社，2015.

　　［14］黄光扬.教育统计与测量评价新编教程［M］.上海：华东师范大学出版社，2019.

　　［15］［美］罗伯特·M.桑代克，［美］特雷西·桑代克-克莱斯特.教育评价 教育和心理学中的测量与评估 第八版［M］.方群，吴瑞芬，陈志新，译.北京：商务印书馆，2018.